云南百位历史名人传记丛书

中共云南省委宣传部◎编

云南出版集团
云南人民出版社

图书在版编目（CIP）数据

乡贤典范——李根源 / 洪崇文著. -- 昆明：云南人民出版社, 2015.4
（云南百位历史名人传记丛书）
ISBN 978-7-222-11556-9

Ⅰ. ①乡… Ⅱ. ①洪… Ⅲ. ①李根源（1879～1965）—传记 Ⅳ. ①K827=7

中国版本图书馆CIP数据核字(2014)第001639号

出 品 人：李　维
刘大伟
责任编辑：陈浩东
装帧设计：马　滨
责任校对：毛　雪
图片提供：李成森
责任印制：马文杰

书名　**乡贤典范——李根源**
作者　洪崇文　著
出版　云南出版集团　云南人民出版社
发行　云南人民出版社
社址　昆明市环城西路609号
邮编　650034
网址　http：//ynpress.yunshow.com
E-mail　ynrms@sina.com
开本　889mm×1194mm　1/32
印张　6.125
字数　120千
版次　2015年4月第1版第1次印刷
印刷　昆明卓林包装印刷有限公司
书号　ISBN 978-7-222-11556-9
定价　22.00元
如有图书质量及相关问题请与我社联系
审校部电话0871-64164626　印制科电话0871-64191534

云南百位历史名人传记丛书

编委会名单

总　序

丛书编委会

历史长河浩浩荡荡！中华文明自滥觞至汇聚千流，涵纳万水，奔腾迭起，云蒸霞蔚，延五千年之长史，至今生机勃然，是迄今世界上唯一保持完整且衍传有序、光耀于人类的伟大文明。

习近平总书记指出：一个国家、一个民族的强盛，总是以文化兴盛为支撑的。中华民族是具有非凡创造力的民族，我们创造了伟大的中华文明，实现中华民族伟大复兴的中国梦，必须弘扬中国精神。以爱国主义为核心的民族精神，以改革创新为核心的时代精神，是兴国之魂，强国之魂。

云南，是祖国西南神奇、美丽、富饶的宝地，是中华文明中极具特质和创造潜力的丰美之乡。云南少数民族文化是中华民族文化的重要瑰宝。长期以来，云南大地上，各民族和睦与共，相濡相生，共同创造了色彩瑰丽、形态多元、底蕴厚重、影响深远的历史文化，为我们留下了珍贵的精神遗产。人，是历史的镜子，是历史最生动的环节，人民是历史的主人和创造主体。在人类历史的进程中，一个个不同时期的代表人物产生过一些不同的影响。“云南百位历史名人传记丛书”就是这样一丛历史的记录，一百位历史名人，虽未必尽能概全，各位历史人物的代表性也不尽相同，但都是“追梦人”，是振兴民族伟大理想的传薪人、探索者和实践家。

在这些代表人物中，无论是拓土开疆的将帅勇者，还是蹈海酬志的大国使节；无论是志于传播文明的鸿儒巨擘、先哲贤士，还是为民族独立解放而高歌猛进、慷慨捐躯的群雄英杰，都贯注了这一重要精神。正是以他们为代表的云南各族人民创造并抒写了可歌可泣的英雄史章，熔铸了坚韧不拔、奋为人先、包容博大、敢于担当的精神品质，才使云南在中华文明的长史中闪耀着特有的光辉。尤在近代中国，在辛亥护国风云中，在反对外辱保卫祖国边疆维护民族尊严、抗击日本法西斯侵略中，云南站在历史前台，以中华群雄的不屈身影演出了一幕幕豪迈悲壮的历史大戏，也更涌现了一批足以彪炳史册、光照后人的杰出人物。这一切，给予中国历史进程深远的影响。

今天，实现中华民族伟大复兴之梦，谱写富民强滇中国梦的云南篇章，需要以中华文化发展繁荣为重要条件，这就需要接续这一光荣而伟大的精神传统，在继承中创新，在创新中发展，在发展中超越。云南正处于一个新的历史起点上，需要大力挖掘历史文化资源，聚合更强大的精神动力，为推动我省科学发展、和谐发展、跨越发展凝心聚力。为此，我们组织省内外专家学者编写出版了“云南百位历史名人传记丛书”。这对加强我省各族人民，尤其是青年一代对历史的了解、认同，爱国爱乡爱民并甘于奉献，对提升优秀精神品质，形成团结奋斗的共同的思想基础，坚定推进富民强滇的信心和决心，显然有着重要的现实意义和切实的助力。

一百位历史人物，所处历史时期并不相同，其历史作用也有差异，甚至就个人的全面历史评断方面也难以等量趋同。但我们以为这些留存史迹的人物，所以传扬至今，为后世崇奉，均有他们共同的历史向度和价值取向，我们学习这些历史人物，至少应当着重于以下几个大的方面，即：“守大德、重大义、集大成、有大度、达大观”。

守大德，即恪守道德规范。“德者，本也。”（《礼记·大学》）“大德”既是国家民族的根本利益所在，也是中国文化中最核心的价值理念及标准。古语“行德则兴，背德则崩”，不仅是资政经验，也是个人修习完善的根基。所谓“厚德载物”，直观的理解，就是如果德行浅薄，是不能兴物成事，更不能造就伟大功业的。云南历史文化名人，大多以德立身，大节不移，并对此恪守坚定，一以贯之；始终保持正确信念和理想，并为之奋斗到底。这是我们首先要学习尊崇的。

重大义，即以国家民族利益的需要为个人行为取舍的标准。有大义，才有大爱。这些先贤无不爱云南爱乡土，以兴业乡梓、造福一方为己任。尤在国家民族命运攸关、生死存亡的关头，这些令人崇敬的先辈，大义擎天，逢难不避，敢于担当，责无旁贷，勇往直前，不惧牺牲。一个心存天下大公的人总会在不经意的一瞬决定大义的选择，这是社会进步的希望所在，更何况实现中华复兴的伟大梦想，还有很多异常艰危的事业在等待我们去克难攻坚。所以，举凡大义、为民为国、全身而进的精神是我们应当效法崇尚的。

集大成，“知类通达，强立而不反，谓之大成”。这些历史人物留下的足迹，予人深刻启迪。他们无论是出将入相，还是布衣一袭，均勤学不辍，求索不止，在追求真理和知识的道路上刻苦务实，义无反顾，永无终期，故能成大器，胜大任，不辱使命。今天，世界进入知识信息时代，软硬实力决定一个国家能否赢得发展机遇，乃至自立于强国之列的地位。其紧迫性不亚于先辈梦想中国富强的百年期许。但今天所谓“集大成”，是更高更大更具有生存挑战性和发展战略性的，是集世界之“大成”，集政治经济、科技文化、制度建设、社会发展等一切领域“总成”，玉成中国梦的空前伟大的事业。所以，先人刻苦自律、博学精进的学习精神我们应当秉持继承。

有大度，即要有开放包容的胸怀。云南历史文化名人的一个共通品质，也是一个显著特点就是，即使身处僻远，总能破除狭隘与陋见，以宏大度量，兼容并包，接纳先进，吸收优异，团结一切可以团结的力量，聚合一切可以聚合的资源，总成一股创造历史的宏大动力，来完成伟大的事业。哪怕是割股舍己，也在所不惜。今天，云南要实现跨越式发展，保持开放包容的胸怀尤其重要。所以，先辈“天下云南”的大度我们应当弘扬光大。

达大观，即要眼观天下，达察全局，与时俱进，审时知变，敢为人先。推动云南社会历史进步的代表人物，无不目光远大，胸怀全局，对世界潮流、时代嬗变，都能审视洞悉，并欣然顺应规律，故能在历史转折的关键时刻做出正确选择，成就改天换地的一番伟业。古语有“小智自私”、“达人大观”，是将为个人谋私的小智谋与担当天下兴亡的大智慧尖锐对比而言的。否则，“其兴也勃焉，其亡也忽焉”。一个为民为国而应用心智的人，必然有达观天下的心怀，也由此激发潜能、超迈寻常，而使人生境界也更加美好而宏丽。遍观世界文明史，许多影响人类进步的伟大创新，正是以此为动力和起点的。今天，中国经济社会的快速发展，国家的日益强大，正为实现中华民族伟大复兴的中国梦开拓了无限广阔的道路，也为个人实现自身价值创造着更加富实的前景。所以，先辈们达观天下的精神我们应当引为楷模。

我们对志向高远、仰观天下、俯察民情、甘为路石、慨当以慷、求真务实的历史名人，心存景仰，并愿与千千万万的读者，尤其是青年朋友一道学习弘扬。

组织编撰“云南百位历史名人传记丛书”是一项重要的文化工程，编撰出版人员都做出了艰苦的努力，但由于众手修书，书稿层次不一，成书体例难以做到完全一致，对存在的不足敬请读者批评指正，我们将虚心接受，并在修订再版时一并吸纳修改完善。

目录//MULU

目录//MULU

目录//MULU

◆ 爱国爱乡仁义重

◆ 云南精神放光彩

◆ 参考书目

李根源生平事迹

人过留名，雁过留声。

后世景仰

清光绪五年四月十七日（1879 年 6 月 6 日）巳时。

云南省迤西道（治所驻今腾冲县）永昌府（治所驻今保山市隆阳区）南甸宣抚司（治所驻今梁河县遮岛镇）南甸营（今梁河县九保阿昌族乡乡政府所在地）右安街（今九保正街）李宅。

青年军官李大茂的妻子阙观贞，生下了一个男孩。是他们的长男。

奶奶也非常高兴，这个男孩是她的长孙。

1948 年李根源在腾冲

男孩初名定文，后取名根源，字印泉，又字养溪、雪生，号曲石，别署高黎贡山人，晚年自称曲石老人。

男孩生长在偏僻、边远的边疆少数民族地区，却走出了不平凡的人生，成就了一番大事业，成为中国近现代史上的名人。

1965 年 7 月 6 日下午 1 时 35 分，李根源在北京逝世，享年 86 岁。

中共中央、国务院、全国政协立即发了讣告，组成了李根源先生治丧委员会，全国人民代表大会常务委员会委员长朱德任主任委员。7 月 7 日，举行遗体告别仪式。8 日，

1965年7月6日李根源逝世，9日举行公祭，朱德委员长步入公祭会场

1965年7月9日，朱德委员长为李根源执绋起灵

遗体火化。9日上午10时，在嘉兴寺隆重举行了公祭，朱德主祭，陈叔通、徐冰、平杰三、熊克武、王绍鏊、卢汉陪祭。尊重李根源的生前遗愿，26日，李根源的骨灰运往苏州。31日，安葬于苏州小王山李根源母亲阙茔旁。

一代人杰，劳顿一生，最终选择回到母亲身边，依偎在母亲身边，陪同母亲，一起静静地躺在第二故乡苏州的土地上。

墓碑依然萦绕着李根源对故乡云南的缕缕思念，上有黄葆钺书写的“腾冲李根源墓”六个大字。“腾冲”二字，尤其醒目。

作为民国政坛名流，李根源一生活动的足迹，遍及中国大部分省份，做了许多于国于民有利的事情，影响深远。后人感念他的功德，在他曾经居住、活动过的地方，开辟了一批李根源纪念馆，供人们瞻仰、凭吊。

九保故居

梁河县李根源故居，是李根源的出生地，位于云南省德宏傣族景颇族自治州梁河县九保阿昌族乡乡政府所在地九保正街左侧，西南距梁河县城遮岛镇 2.5 千米，东北距腾冲县城腾越镇 35 千米。

建筑式样为典型的滇西民居建筑风格，布局为坐东南向西北，四合院两照壁，土木结构，瓦屋顶单体建筑。

临街原建有三开间面楼一幢，后来建了一屏照壁，隔为前花园。往里是一幢三开间厅楼，右间做大门，其余房间做书房、马房。再往里是正方形中心大院，左右两边相对应，各建了一幢三开间厢楼，通面阔 12.2 米，通进深 9 米，设一级石板台阶。左厢房后面是条型院落，建有三开间楼房，作为库房。中心大院正面，筑五级台阶，之

梁河县九保李根源故居

上建有三开间正房，中间设置家堂，两边房间为寝室。正房后面是花园，长 18.3 米，宽 10.45 米，四周筑土墙封闭，后墙建照壁一屏。前厅侧墙上，镶嵌有李根源题写的隶体“岁寒松柏庐”青石横额。

小镇东倚鳌山，西临人盈江。遗存有宋代古榕树、“永历帝跸驻处”古石碑、辛亥革命纪念碑。

小镇的大街小巷，均用石板铺垫。主街九保正街（原称右安街），街面用一色青石板铺成。青石板上清晰的马蹄印痕，无言地传递着古丝绸之路久远的叹息。街道两侧，店铺鳞次栉比，商品琳琅满目，人来人往，热闹繁忙。店铺都有木制铺台，活动铺板，开关自如。主街道两侧，各有一条清溪，常年流淌。其余小巷，也有小溪流淌。清清的小溪，方便着小镇居民洗刷什物，也陶醉了远来的外地游客。

小镇西北隅珠涌山，山中立有李根源题写的“珠涌山”石刻。一古井，泉水如珍珠般涌动，山因此而得名，井旁立有李根源题写的“二眼井”石刻。元代所建的太平寺里，有民国大总统黎元洪书写的“太平寺”石刻，上有“大总统印”方章，镶嵌在寺中大照壁上。寺中左厢楼为李根源少时就读私塾处，楼梯口墙壁上镶嵌着李根源书写的“涵翠楼”石碑。当年就读时，李根源曾得到寺内一位高僧的教导。李根源铭记在心，每次回家省亲，都要拜访太平寺。如今，寺内依旧香烟袅袅，尤其以春节后“正月九”庙会最为热闹，远近村寨的善男信女，熙熙攘攘，前来上香祈福。

小镇的东北角，为南甸宣抚司（又称蛮干司署）及左营都司所在地，修筑有南甸营城垣。

时光荏苒，岁月如梭，斑驳了老屋，陈旧了小镇。

李根源的头衔多，但是，小镇的乡亲一直坚持叫他“李总长”。

小镇的乡亲们心里知道，“总长”是不会回来了，但总是记挂着他。

1993 年 11 月 16 日，云南省人民政府将李根源故居列为省级重点文物保护单位。1999 年 9 月 14 日，李根源后裔将产权移交给梁河县人民政府，开辟为李根源故居纪念馆。现已成为德宏州旅游胜地之一。

叠园旧居

1945 年 9 月，年届 66 岁的李根源电请辞去了云贵监察使职，准备安度晚年。

垂垂老矣的李根源认识到，自己已经无力改变内战时局，应该回归故里，颐养天年了。李根源在这期间创作的两首诗，表明了他的心意。

其一：

大难戡平海宇安，收帆急返子陵滩。
余生幸遂还乡愿，愿乐渔樵不做官。

腾冲县李根源叠园旧居

其二：

雷雨风云百劫身，问心尚是读书人。
从兹曲石归耕去，犹可逍遥几十春。

1946年，李根源在腾冲县城腾越镇西部大盈江畔、叠水河村李家大树祖传宅基地上建盖住宅。1947年，建成两幢建筑，取名“叠园”和“凤翅园”，均为土木结构，庭院式建筑，滇西民居风格，古朴典雅。叠园用作书房，凤翅园用作居住。两园相距仅百余米，旁有国殇墓园。

建筑南依来凤山，西傍大盈江，四围稻田，物产丰富，是一块山清水秀、地肥民富的宝地。

凤翅园内，建有两幢二层楼房，分别取名“江山胜概楼”“太平楼”；另建有一平房，取名“玉兰堂”。总面积约 12 万平方米，现已成为腾冲县人民医院的家属住宅区。

叠园的布局近似于正方形。两面坡，穿斗式，设暗楼。木材为楸木、果松。由一正一厅一厢组成，正房坐北朝南，大门西开。总面积为 4000 余平方米。

李根源十分用心地营造这两幢建筑，广收历代省内外名家贤士的墨宝，勾摹刻石，镶嵌于两园的四周围墙上，珍贵无比，还编辑印刷了《叠园集刻录》《凤翅园石刻录》二书传世。

1988 年 11 月，腾冲县人民政府公布叠园为县级重点文物保护单位。1989 年 5 月，成立李根源故居筹备委员会。11 月，设立李根源故居管理所。进行系统的文物资料调查征集和故居的维护与管理工作。在对原有房屋进行修缮的基础上，又新建一幢房屋，加筑了门房、围墙、挡土墙、场院等附属设施，形成了完整的李根源故居纪念馆。1998 年 6 月 6 日，李根源先生诞辰 119 周年之际，纪念馆正式对外开放。现已是省级重点文物保护单位。

叠园李根源旧居，以收藏珍贵、丰富的文物见长。

大门两侧墙壁，嵌有铁铸“叠园”二字和腾冲县重点文物保护单位的碑刻。

从古典照壁式大门进入，置身于草木菁菁的宽敞的场院上，忽被场院两翼、两厢围墙的碑廊吸引，仔细品读，心中一惊，竟然是钱南园、左宗棠、翁同龢、吴昌硕、黄兴、黎元洪、章太炎、于右任、章士钊、周钟岳、赵藩、李根源等名家的墨宝石刻，琳琅满目，墨香扑鼻。

回看大门正对面，是纪念馆主楼，飞檐斗拱式双层木结构楼房，占地 440 平方米。上檐悬挂着民革云南省委赠送的“垂范千秋”匾额，下檐悬挂着李根源第五子、北京图书馆研究馆员李希泌用篆书题写的“李根源先生纪念堂”匾额。

一楼正中安放着李根源半身铜像，两边柱子上悬挂着多副木刻对联。

李根源铜像

有两副尤为醒目：

民国大总统黎元洪题写的："关中贤相思王猛；天下苍生忆谢安。"

古汉语专家唐仿寅题写的："叠水如带，勇历人间险恶，制英、反清、倒袁、抗倭，勋劳比贡山，心存天下为公爱百姓；曲石作砺，文增大地光华，平叛、扶正、殓烈、解悬，恩泽及囚骨，志在世界大同足千秋。"

历数李根源一生的伟业。

一楼北侧为纪念书画展室，陈列着云南当代著名书画艺术家高治国、李群杰、黄片石、梅肖青、孙太初、赵翼荣等人的作品30余幅，书体丰富，形式多种，缅怀李根源的功绩。

二楼的楼梯口，悬挂着楚图南为李根源诞辰100周年题写的脍炙人口的诗文：

万方多难古神州，边陲英豪抗逆流。
辛亥光复树义帜，民初护法运宏谋。
有为有守切时望，亦武亦文胜匹俦。
曲石遗篇传海内，乡贤典范足千秋。

李根源的浩然正气，跃然纸上。读来令人荡气回肠，百感交集。自觉反省自己，顿觉天地宽广，明白个人人生的价值所在。

上二楼，南侧为图片展室，展出李根源在各个历史时期的主要照片68帧，分少年壮志、致力共和、策杖抗战、滇西善后、晚年岁月、风范永存六个部分。

二楼北侧为实物展室，陈列着李根源使用过的部分物品、著作、墨迹、拓片等。一是生活用品类，如朱德赠送的毛呢中山装上衣，程潜送的铜水盂，盛世才送的毛毯及1955年应邀参加国庆观礼的有关通知和证件等物品；二是李根源的部分著作手稿，信函、题词、对联等手迹；三是李根源著述的十余种200余卷的著作，辑印的多种先贤著作，多种藏书等；四是李根源亲自撰书或珍藏的石刻拓片。

睹物思人，感慨万千，觉得有些累了，需要休息了。慢慢咀嚼，才能体会此番参观的真谛。

离开展室，穿过小门，进入旧居旧址，忽见正房上挂着赵藩题赠的“得未曾有”匾额，不禁一愣，是什么意思？

“得未曾有”，亦作“得未尝有”，指从来未有过，空前的。两层意思。但是，赵藩具体指什么呢？李根源的功名利禄吗？抑或是对李根源的人物评价？暗自思忖良久，自认为是对李根源很高的评价了。

这么想着，想着，恍惚觉得看见了李根源正站在旧居一角，身材高大魁梧，目光坚毅、沉着，无言，点头，瞬间不见了。

掐指一算，今年（2015）已是李根源诞辰136周年，离开旧居66周年，逝世50周年。

龙山别业

安宁市温泉镇李根源龙山别业旧居，位于云南省安宁市温泉镇温泉小村，距昆明市区35千米。这里山清水秀，气候宜人，因具有饮用、沐浴、理疗等功能的地热水资源而出名。

安宁温泉，自古闻名遐迩。四方百姓，常携家带口，前来沐浴、理疗；名士、政要，也喜欢在此择地置业，建盖别墅，疗养休憩，交际应酬。

明朝时，被贬谪云南省的正德年间状元杨升庵，十分喜爱安宁温泉，在对比了陕西省华清池等13处全国著名温泉及云南省的4处著名温泉之后，盛赞安宁温泉为“天下第一汤”，并亲笔题写了“天下第一汤”匾，悬于泉区门额，还题写了“不可不饮”，镌刻于温泉环云崖壁之上，至今犹存。

抗日战争爆发后，李根源举家回滇。乐于山水的李根源相中了安宁温泉，在安宁温泉螳螂川西岸、龙山东麓，购置山地4000多平方米，建盖居所。宅基选于斜坡之上，建成上下两院，而两院相通，实为一体。房屋为中国传统式建筑，东西座向，土木结构平房，共26间。青瓦屋顶，石灰白墙，门窗以青砖包砌，周围的墙壁上镶嵌有“养卢”“龙山别业”“山茶花馆”“山水清音”等石刻。居室、客厅铺设木地板。走廊、过道铺砌青石板。院内广植花木，立有石碑一块，记载建屋情形。

整幢建筑亲切、雅致、宜居。上台建筑，取名“山茶花馆”；下台建筑，取名“龙山别业”。

四周环境优美，山谷幽幽，草木深深，流水潺潺。春夏时节，山茶花、杜鹃花争奇斗艳，红遍山谷。

休闲时的李根源，早晨在林荫下习拳锻炼，晚间拄杖散步于乡间小路，微风拂面，鸟语花香，怡然自得。与友人长相往来，李烈钧、程潜、张一麐、叶苍缘、王惕山、张善子等名人，均来龙山别业居住过。潜心研究史地、金石学，吟诗唱和，仅收入《曲石诗录》第15卷的《安宁温泉过年诗》就有80多首。

1950年，中国人民解放军二野四兵团、中共云南省委领导陈赓、宋任穷等莅临龙山别业，拜见李根源，送来了朱德总司令的慰问电和中央人民政府的邀请电，邀请李根源到北京参加中国人民政治协商会议第一届全国委员会第二次会议，是43位特邀代表之一。5月30日，李根源与陈赓、宋任穷、卢汉、周保中等10余人，乘飞机离昆，飞往重庆。6月5日，与四川省代表一起飞抵北京。6月21日，李根源在大会发言，获得共鸣，全场掌声如雷。

主人一去，不再回来，龙山别业也就沉寂冷落，风光不再。由于年久失修，上院建筑已不存，仅余东面7间房屋，十分残破。

建筑龙山别业的经费，原是李根源从新疆迪化（今乌鲁木齐）飞往西安治病时，新疆督办盛世才赠送的医疗费。盛世才曾是李根源主办韶关讲武堂时的学生。

1995 年，安宁县人民政府将“龙山别业”旧址公布为文物保护单位，划定了保护范围。

阙园旧居

苏州是李根源的第二故乡。

李根源在苏州前后生活了 17 年，正值 42 岁到 59 岁的壮年时期，也是他宦海沉浮、辛苦奔波的一生中，最感舒适、惬意的时期，他在那里度过了一段幸福时光。

苏州的安居，驱散了他心头的阴霾，抚平了他身上的创伤；苏州的富足，让他享受到了天伦之乐，尽到了他的孝心；苏州的秀美，陶冶了他的情操，成就了他的学问。

1921 年，李根源购买了苏州葑门十全街新造桥附近、前云南学政姚文倬的故居，门牌号为十全街 111 号，今已改为 277 号至 279 号，在 277 号东侧墙面上，安装着两块苏州市人民政府文物保护单位的标牌，还嵌有李根源书写的碑记。

购房后，李根源修葺一新。年底，把母亲接来，全家乔迁新居。

阙园为江南园林式建筑，李根源以母亲姓氏取名。占地约两亩，四周围墙。进门的围墙右面，嵌有李根源手书楷体“阙园”的石碑；左面嵌有参议员、李根源的老师、云南曲靖人孙光庭题写的园记石碑。碑文为：“印泉于曲石西隅作小园，花种树，为尊堂阙太夫人游憩之所，予为名曰阙园，并为之记云。民国十三年六月。”碑末有“古吴孙仲渊刻”字样。

苏州市十全街111号门牌已成为历史的标记

园内的结构，北向依次有门屋、客厅、起居楼、书房和后庭园。

主体建筑是起居楼，为中西风格结合的三层楼房，红色尖顶，青灰外墙，至今基本保存完好。正门两侧，各拱卫着一间八角形的厢房。东西两侧的青砖墙面，至今坚固。楼梯旁的外墙上，每层都斜向开设一道窗，用于采光和通风。中华人民共和国成立以来，曾先后归苏州交际处（苏州外事办公室）、旅游局、苏州饭店使用。

楼旁，李根源手植的两棵桂花树、一棵广玉兰树，今已长成10米大树，枝繁叶茂，生机勃勃。选择这两种植物，寓意“金玉满堂”，追求幸福美满的生活。

后庭园较开阔，湖石假山，错落有致，中有200平方米的池塘，信步在玲珑、曲折的小桥上，俯瞰水中自由的鱼儿和自在的水草，可以舒缓紧绷的心情。另一端，建有六角亭子，飞檐翘角，精致典雅，是休闲的好去处。凿井一口，取名“九保泉”，井名是李根源出生小镇的名称。井栏刻有李根源手书的“九保泉 民国十年 李根源书”字样。

井旁，立有于右任草书的“阙园”石碑。

园内果树成林，有枇杷树、桃树等等，春暖花开时节，

阙园井栏“九保泉 民国十年 李根源书”隶书石刻

姹紫嫣红，蜂飞蝶舞，充满情趣；夏秋时节，果实累累，时鲜果蔬，鲜美可口。

沧桑岁月，物是人非。

1928 年，李根源的母亲阙氏逝世后，葬于小王山。李根源连续近 10 年居住在吴县小王山，苏州的阙园依然保留着。

1977 年，阙园圈入了苏州饭店内。如今，门屋、客厅已不复存在。起居楼散为民居。由于住户众多，又自行改建，已被分隔得支离破碎，只有旧楼的基础部分尚存。“九保泉”处于偏僻的角落里，井上压着废品。井栏上的字迹，尚依稀可辨。李根源题刻的井栏、石碑，手植的桂花树、广玉兰树，仍在原址保存。

十全街口，立有古街巷标志牌，上面铭记着李根源、沈德潜、彭定球、叶圣陶等 20 世纪闪闪发光的名字。时光在流，社会在变，但一个城市的历史记忆不会流失，也不会改变。有些事、有些人，会永恒存在，因为那些事、那些人曾经是国家、民族某一段历史的标志。

苏州饭店传达室的老师傅说，那楼（指阙园起居楼）不知什么时候就叫“将军楼”了，这是老百姓的口述历史，代代相传，历久不衰。

1982 年，阙园被列为苏州市文物保护单位。

小王山纪念馆

苏州市小王山李根源纪念馆位于苏州市吴中区（吴

县）藏书镇藏西村小隆中景区（原称小王山）。

小王山为穹窿山的余脉，又名琴台山，今名小隆中景区。背依穹窿山，面对灵岩，北望阳山浒关，南临胥口太湖之滨，比邻木渎古镇。山高 53.9 米，南北长约 400 米，东西宽约 300 米。山顶呈浑圆状，坡度平缓。这里峰峦起伏，林木茂盛，环境清幽。山光水色，尽收眼底。

1927 年 4 月，李根源的母亲阙氏在苏州病逝，享年 71 岁。入殓后，停柩于上方山治平寺湖山堂。李根源苦苦寻找适宜安葬母亲的墓地，比较了几个地方，最后选定了小王山。亲自持罗盘格方向，相地势。有人称赞说，小王山形如金牛，你挑墓穴的地方，恰似金牛之腹，风水好，葬此必发。

苏州小王山李根源纪念馆

李根源却不以为然。反驳说："这是看风水的迷信说法，我看风水和别人不一样，是看这里的山水风景美，地理环境好，名胜古迹多，乡亲们勤劳善良。我现在弃官向他们学习种田，宜耕宜读，不图子孙升官发财。"

经与村民商定，李根源买下10亩山地，并勒石记载："先慈墓地广十亩田，一亩年纳粮一斗七升三合，子孙永守。李根源，根沄记。"

陆续又在周边买了一些地，总计约百亩。李根源与村民相约，只割茅草，不砍树。

1928年2月，阙氏灵柩下葬，建墓，取名"阙茔"。墓北建一碑亭，内列4碑，镌刻灵表、祭文、公祭文、家谱等。墓四周，广植青松和黎元洪赠送的翠柏。祭奠者的题词，全都镌刻于墓周石壁之上，取名"阙茔石刻"，编为《阙茔石刻》，收入《松海》。

墓旁，建有祠堂，共9间房，高围墙，开两门堂，内分风水堂、书房、寝室、厨房等，取名"小隆中"，门额上题书"阙茔村舍"。村口立青石大碑，上刻"阙茔村"三个大字。在阙茔村兴办一所小学，取名"阙茔小学"。校内掘一井，取名"罔极泉"，寓意父母之恩，如井水，不尽不竭。校旁建一座"风木堂"，表达"树欲静而风不止，子欲孝而亲不在"的思亲之苦。

松海林园中，新建"湖山堂"，在此寄表哀思。

李根源尽孝10年间，专门雇用工匠，将章太炎、于右任、黎元洪、郑孝胥、章士钊、沈钧儒、张继、蔡锷、李烈钧、张一麐、吴昌硕、张大千等大家的墨宝，镌刻于小王山各处岩石上，建成了一座中国近现代名人书法艺术的露天博物馆。

苏州小王山，是李根源用心最苦、着力最多、成效也最显著的一块文化宝地。藏书镇的乡亲，称李根源为“山中宰相”“国老”。

盛极一时的小王山，也如同国运，命途多舛。

抗战期间，小王山沦陷，李根源种植的松树被砍伐殆尽。

近些年，小王山开山采石，著名的松海十景、石刻等珍贵文物，大量被毁，令人痛惜。

李根源夫人马树兰弟弟的后人，仍在执着地守护着阙茔村舍。他们都已经变成苏州人了。

苏州小王山阙茔村

1985 年，吴县人民政府修复李根源夫妇合葬墓，将阙茔村舍开辟为李根源纪念室。

2004 年 7 月，重建开馆，展出内容分李根源先生简介、亦文亦武竞风流、李根源与小王山、高山仰止忆印公等 4 个部分。共有照片 202 张、资料 48 份、实物 21 件、石刻题碑 11 方、李根源旧版著作 15 部 25 册、纪念李根源的名人书画 23 幅。

2005 年 2 月，李根源纪念馆被吴中区委宣传部命名为区爱国主义教育基地。

景区有全国最高的李根源石像，高 6.5 米，重 20 吨。根据国画大师徐悲鸿绘制的李根源像雕塑而成。

苏州小王山李根源石像

生平事迹

李根源一生，历经清朝、中华民国、中华人民共和国三个时代，资历深，影响大。在风云际会、浩若繁星的民国群英谱中，能够像李根源一样，享受到如此殊荣的民国人物，确实也并不多见。

作为一位民主人士，李根源何能备享哀荣？我们不妨先来稍稍了解一下他的生平事迹。

1879年6月6日，李根源出生。

1898年，19岁，参加永昌府试，中秀才。1899年，20岁，与云南省姚安府人徐葆庄结婚，生希牧、希靖、希声（女）、希晟等4个子女。1900年，21岁，到昆明乡试，遇停试。1903年，24岁，到昆明乡试，未中，考入云南省高等学堂，为备取生。

1904年，25岁，考取留日官费生，进入东京振武学校。1905年，26岁，在东京加入中国同盟会，抗议日本文部省取缔留学生规则。

1906年，27岁，为云南留日学生同乡会会长。由振武学校毕业，进入日本陆军士官学校步兵科充士官候补生。回到北京，控告云贵总督丁振铎。返回日本，任《云南》杂志社经理。

1907年，28岁，分配到日本第8师团弘前步兵第31联队充士官候补生。1908年，29岁，进入日本陆军士官学校步兵科第6期学习。声援河口起义，召开云南独立大会，加入学习军事的大森体育会，兼任教练。于日本陆军士官学校毕业，分到日本第8师团青森步兵第5联队充见习士官。

1909年，30岁，任新建的云南陆军讲武堂监督兼步兵科教官。1910年，31岁，继任云南陆军讲武堂总办。

1911年，32岁，深入滇西北边疆片马地区实地考察，提出经营策略。领导了云南昆明重九起义，任军政部总长兼参议院院长。任陆军第 2 师师长兼迤西国民军总统（后改称总司令），全权处理腾榆军事冲突的善后问题。

1912 年，33 岁，通电解除陆军第 2 师师长兼迤西国民军总司令职，离云南，往沪、京。

1913 年，34 岁，当选众议院议员。参加“二次革命”，流亡日本早稻田大学政治经济科学习。1914 年，35 岁，与章士钊等百余人在东京组织“欧事研究会”。

1915 年，36 岁，策动广西陆荣廷讨袁，任护国军驻粤港代表。1916 年，37 岁，任广东肇庆护国军两广都司令部副都参谋，护国军军务院滇桂粤联军副都参谋兼摄都参谋。与谷钟秀、张耀曾等组织政学会。

与云南省通海县人马树兰结婚，生希纲、希膺、希泌、挹芳（女）等 4 个子女。

1917 年，38 岁，任陕西省省长，被督军团软禁半年。1918 年，39 岁，任驻粤滇军总司令、粤赣湘边防军务督办，开办韶州讲武堂。1920 年，41 岁，驻粤滇军分裂，李根源率部分滇军移驻琼州（海南岛），任广东海疆防务兼摄雷琼镇守使。李根源部滇军、莫荣新部桂军与陈炯明部作战失败，李根源被迫离开滇军。1921 年，42 岁，移居苏州。

1922 年，43 岁，任航空督办，任署理农商总长。1923 年，44 岁，任农商总长，署国务总理。1924 年，45 岁，协助河南督军胡景翼。

1926 年，47 岁，至 1937 年，58 岁，居住苏州，从

事文化活动，组织民众抗敌后援会，参与营救“七君子”。

1937年，59岁，应新疆督办盛世才邀请，去新疆协助。因病回西安治疗，回昆明。1939年，60岁，任云贵监察使。

1942年，63岁，发表著名的《告滇西父老书》，赴滇西，鼓励抗战，创办“滇西战时干部训练团”（后改称“驻滇干部训练团大理分团”）。1943年，64岁，到重庆述职，留居重庆。

1945年，66岁，滇西抗战胜利，李根源率慰问团，到达腾冲，从事善后领导工作。建成“国殇墓园”。辞去云贵监察使职，留居腾冲养老。

1949年，70岁，自腾冲飞昆明，营救“九九整肃”被捕进步人士。

1950年，71岁，在北京出席全国政协一届二次会议。1951年，72岁，作为西南军政委员会委员，在重庆出席西南军政委员会第二次全体会议。1953年，74岁，改任全国政协委员，直到逝世。1956年，77岁，向周恩来总理推荐中缅界务专家。1957年，78岁，在中央人民广播电台广播演讲。1959年，80岁，任全国政协文史资料研究委员会副主任委员，撰写《我与政学会》。1960年，81岁，口述《辛亥革命前后十年杂忆》。1964年，85岁，口述《雪生年录续编》。

1965年7月6日逝世，享年86岁。

高原山水育人杰

一方水土，养一方人。

高原山水

李根源，云南高原孕育、大山锤炼而成长起来的一位杰出人物。

李根源身高1.8米多，体重近90公斤。身材高大魁梧，像云南的大山一样，挺拔壮硕。因喜爱大山，崇敬大山，遂以家乡的大山自称——高黎贡山人。一张黝黑的脸，打着深深的高原烙印。数十年乡音未改，说话声如洪钟，具有感染力，犹如云南群山中的空谷回音，悠扬而清亮。

少时不幸患天花，留下麻面孔，只不过不十分明显，加之军人阅历，样子很威武，很吓人。初识，容易让人望而生畏，敬而远之。

其实，李根源极富人情魅力。性格爽朗、坚毅，敢作敢为，勇于担当；多才多艺，学养丰蕴，与之相处，富有情趣；心地善良，为人谦和、友善，乐善好施，故人缘极好，家中常常是宾客盈门，高朋满座。对少时留下的面部疾病痕迹，毫不在意，与人交往时，常常戏谑地自称“麻哥”。

高原的山，高原的水，是李根源成长的摇篮；高原的人民，高原的父老乡亲，是李根源成长的不竭动力。

认识李根源，研究李根源，需要踏上李根源生活的高原，进入李根源生活的山水间，深入他的乡亲们中，才能认识得真实、全面，才能研究得客观、公正。

云南省地处云贵高原，是一个高原山区省份，属山地高原地形，地势呈现西北高、东南低，自北向南呈阶梯状逐级下降。

北部是青藏高原南部的延伸部分，海拔一般在3000~4000米，纵贯着高黎贡山、怒山、云岭等巨大山系；怒江、澜沧江、金沙江等大江，自北向南奔腾，三江并流。

南部为横断山脉，山地海拔不到3000米，排列着哀牢山、无量山、邦马山等山系，俊秀挺拔，地势逐渐向南、西南方向缓缓下降。

西南部边境地区海拔在800~1000米，土肥水美，逐渐变成开阔的河谷地带。

群山之中分布着一些局部平原，俗称“坝子”，适宜农耕居住。

云南省总面积39.4万平方千米，山地面积占总面积的84%，高原面积占总面积的10%，盆地面积占总面积的6%。

高黎贡山属青藏高原南部，是横断山最西部的山脉，位于怒江西岸，北连青藏高原，南接中印半岛。进入云南省怒江傈僳族自治州贡山独龙族怒族自治县后，称高黎贡山，南北走向，平均海拔约3500米。

高黎贡山是怒江和伊洛瓦底江的分水岭，中国与缅甸的界山。

高黎贡山在云南省境内，自滇西北边疆怒江傈僳族自治州贡山独龙族怒族自治县浩浩荡荡南下，越过福贡县、泸水县，进入滇西边疆地区，经保山市腾冲县、龙陵县、隆阳区，过德宏傣族景颇族自治州盈江县、梁河县、陇川县、芒市、瑞丽市，直达缅甸的掸邦高原。

李根源生活过的梁河县九保、腾冲县，处于高黎贡山西麓。其中，腾冲县是古西南丝绸之路的咽喉，中国西南国防的重镇。高黎贡山在县境绵延 110 千米。

腾冲县土地肥沃，物产丰富，饮食饶有风味、别具一格。

抗日时期，李根源到重庆述职，住在重庆。一天，有家乡人送来腾冲的棕苞，李根源大喜过望，立即加工，请冯玉祥等人来品尝，还亲自夹给冯玉祥，关切地问冯："是什么味道，好吃吗？"

冯玉祥从来没有见过棕树和棕苞，品尝后，说："有点苦味。"

李根源立即补充说："吃得苦中苦，方为人上人！"

大家愉快地大笑起来。

在李根源的心目中，这是来自遥远家乡的珍馐，是食材中的上品，一定要与好友分享的。

李根源一生南来北往，食不厌精，脍不厌细，始终难忘家乡的味道。

边疆危机

云南省地处中国西南边疆地区，东部与贵州、广西壮族自治区为邻，北部和四川接壤，西北隅紧倚西藏自治区，西部和南部与缅甸毗邻，南部与越南、老挝相连。国境线长 4060 千米，其中，中缅边界 1997 千米，中老边界 710 千米，中越边界 1353 千米。

近代以来，云南边疆危机严重，英国、法国发动了一系列侵略活动，染指云南边疆地区，洞开中国的西南门户。

1858 年至 1883 年，法国发动了 3 次侵略越南的战争，越南沦为法国的殖民地。

中国与越南山川相连，唇齿相依，自古以来关系密切。法国侵略越南，觊觎中国。1883 年 12 月至 1885 年 4 月，中法战争开战，中国不败而败，法国不胜而胜。中法签订《中法会订越南条约》。

英国为了打通印度与马来半岛英属殖民地的联系，并打开从西南入侵中国的门户，1824 年至 1828 年、1852 年、1885 年，3 次发动了侵略缅甸的战争，缅甸沦为英国的殖民地。

1886 年 7 月 24 日，清政府总理衙门大臣奕劻与英国驻华公使欧格纳，在北京签订《中英会议缅甸条款》，清政府被迫承认英国占领缅甸。

1894 年 4 月，中英两国签订《中英续议缅甸条约》，即《续议滇缅界务商务条款》。1897 年 2 月，中英两国签订了《中缅条约附款》，即《中英滇缅界务商务条续议附款》。

1897 年 12 月，中英双方按照约定，开始会同勘定中缅边界。按照实际勘界的情况，中缅边界大致被分为五段，还有两段未能划定的“未定界”。

其中，北段未定界，埋下了 1910 年“片马事件”的祸根。南段未定界，埋下了 1934 年“班洪事件”的祸根。

李根源幼年时期到青年时期，生活在边疆危机严重的滇西边疆地区，耳闻目睹了家乡周边大片国土被割占，各族人民奔走哀号的惨状，切身体会了弱国无外交的愤懑，在谈判、签约、勘界活动中，中国处处被动，任人宰割，维护不了领土主权的完整。边疆地区各族人民被强邻环伺，与虎为伴，无依无靠，过着紧张、焦虑的生活，盼望国家强大，国门坚固，边疆稳定，平平安安地生活。

李根源的父亲李大茂曾奉命深入边地考察，勘察界务。1891 年 4 月，驻英公使薛福成的参赞姚文栋及随员黄致尧等，专程来到南甸李大茂家里，向李大茂了解边地的实情，交谈达 2 小时。客人告辞，12 岁的少年李根源陪同父亲，送别客人，关于边界问题、边疆问题的重要性和艰难性，给他留下了深刻印象。

1900 年 2 月，英军入侵腾越厅所属的滇西北边疆地区，李根源深受震动，认为是官员无能，当抗法名将、广西提督冯子材巡视腾越厅时，21 岁的青年李根源向冯子材反映临元镇总兵刘万胜丧失国土，要求对刘治罪，另派能干的官员，重新勘界。虽然没有实现，但这是李根源对边疆问题的首次建言献策。

巩固边疆，保卫边疆，成为李根源的终身爱国情结。

民族问题

云南省是中国民族种类最多的省份，除汉族以外，人口在5000人以上的世居少数民族有彝族、哈尼族、白族、傣族、壮族、苗族、回族、傈僳族等25个。其中，有15个少数民族是云南特有的。

滇西边疆地区是各民族荟萃之地，少数民族众多。腾冲县，除汉族外，还有傣族、傈僳族、回族、白族、佤族、阿昌族等6个世居少数民族。梁河县，分布着汉族、傣族、阿昌族、景颇族、德昂族、傈僳族、佤族、白族、回族等多个民族。地处梁河县中部的九保阿昌族乡，是一个以汉族、傣族、阿昌族、傈僳族为主的民族聚居乡。

近代，云南边疆民族地区的管理体制，一直沿袭传统的土司制度。正如学者贾霄锋所说："土司制度是一种封建的地方政治制度，是中国封建王朝在边疆民族聚居地和杂居地带实行的一种特殊的统治制度，形成于元，完善于明，衰微于清。"

土司政权在管理边远、少数民族地区，维护国家统一方面发挥了积极作用。然而，随着社会的进步和历史的发展，土司政权的割据性、封闭性、涣散性的弊端，越来越突出显现出来，不利于边远、少数民族地区的进步和发展，不利于边远、少数民族地区的巩固和繁荣。

李根源生活的滇西边疆地区，土司政权存在了五六百年，历史悠久，势力强大，影响深远。

南甸宣抚司衙门

土司政权之上，统辖滇西边疆地区事务的管理机构，主要有：迤西道（治所在腾越厅）；永昌府（治所在今保山市隆阳区）；腾越厅，于嘉庆二十五年十月（1820年11月），由腾越州升为腾越直隶厅，从永昌府中析出9个土司政权，道光二年九月（1822年11月），腾越直隶厅降为散厅，9个土司政权复归永昌府管辖。

1912年3月，李根源治理滇西时，腾越厅升为腾冲府。

军事上，腾越镇总兵驻防腾越厅。

李根源对滇西边疆地区的行政建制、管理体制，以及各民族的民风民俗，比较熟悉和了解，使他日后在解决边疆问题时，有勇有谋，从容应对，能够稳妥推进，因势利导，促进各民族和谐相处，维护边疆统一和稳定的大局。

南甸城（今九保）物产丰富，手工业发达。中原儒家文化在这个边陲的少数民族小镇传承，与边疆少数民族文化融合，滋润着各民族人民的心田，构建起以儒家思想为主体的多元价值体系。小镇民风淳朴，崇尚教育，清代出了 6 个秀才，清末至民国初年间出了 6 个留学生，让小镇倍感自豪。

镇上的关帝庙，供奉着关羽金身，赶庙会时，四方各族民众云集于此，观看大人戏、花灯剧、皮影戏及各种杂耍，听韵味古朴的洞经。歌颂去世老人恩情，教化人们尊老、行善的《打孝歌》，至今仍在传唱，歌词浅显明了，唱腔凄凉婉转，感人心魄。

腾越厅（腾冲县），战略位置重要，一度是滇西政治、经济、军事、文化中心之一，被称为“极边第一城”。1899 年，英国在腾越厅设立领事馆。1902 年，清政府在腾越厅设立腾越海关。清末民初，腾越商贸进入旺盛时期，商贾云集，贸易繁荣，涌现出一大批以腾越口岸为依托的跨国商行和内陆各地分公司。贫苦民众，迫于生计，跨境去缅甸谋生。腾越成为云南省著名的侨乡。

手工业、工业发达，藤器、腾宣、腾药等产品久负盛名，还是闻名世界的玉器加工、集散地。

腾越厅地域是以汉族为主的多民族聚居地，是周围少数民族聚居地中，唯一以汉族为主体的地方，各民族文化相互吸收、相互交融，又相互独立、相互区别，形成多姿多彩、共存共荣的民族文化。

沐浴在浓郁民族文化之中的李根源，吮吸了丰厚的民族文化素养，开阔了包容万物的胸襟。

良好教育

李根源继承了家族的军人血脉。

先祖可追溯到明朝平定云南的李德。李德（1346—1396），字裕本，山东省青州府益都县城北柳树湾李家营人，25 岁从军。明洪武十四年（1381）随军征云南，任千户。洪武二十年（1387），平定云南，因军功被授予云南前卫前所千户，准子孙世袭。李德成为李氏家族的迁滇始祖，葬于昆明西北郊。

三世李全，于正统十四年（1449），调任腾冲卫前所千户，迁居腾冲叠水河畔，为迁腾冲始祖。

十世李镇雄（正雄）升任都指挥佥事，腾冲卫练兵总管，封武略将军。参与护送永历帝入缅，在蛮著铁壁关战败，与永历帝走散，定居腾越厅曲石，立下家训："子孙勿仕。"

十一世李旭迁回腾越厅叠水河畔定居。

十五世李颖桧，通清律，任腾越镇左营（亦称南甸营）书记，举家迁居南甸（今九保）。

十七世，李根源的祖父李殿琼，任腾越镇中营把总、龙陵营千总，在镇压杜文秀起义中负重伤而逝，诰封武德骑尉。

十八世，李根源的父亲李大茂，有文化，14 岁参加乡兵，在镇压杜文秀起义中立功，曾领蓝翎都司衔，任腾越镇中营千总，诰封武翼都尉，后被裁员回家。

李根源为第十九代。

李根源秉承了军人血统，具有胆子大、敢出头、不怕事、勇于担当的鲜明个性特征，也就能够理解，出国留学时，许多同学选择学习师范、政法、实业等文科时，李根源却毅然选择了风险很大、危及生命的武科，即军事。

李根源自幼受到良好的教育。教育主要是两方面的：一是家庭教育；二是私塾教育。

李根源兄弟姊妹 7 人。李根源是长房长孙，备受家人钟爱。

李根源半岁时中风，10 岁时染天花，两次均生命垂危，全家焦急万分，祖母黄恭人连续几日几夜诵经，祈祷安康，最终化险为夷，安然无恙，家人对他更是怜爱有加。

祖母黄恭人有文化，是一位坚强、能干的贤妻良母。祖父李殿琼战死时，祖母带着女儿李翠娥及 5 岁的李大茂、2 岁的李大荫，奔波逃难，以缝纫、洗衣谋生，常常是饥一顿饱一顿，但是，再艰难，她也要让儿子读书。

李根源 5 岁，开始接受启蒙教育，首任老师就是祖母。祖母教他读书识字，学习《三字经》《百家姓》《千字文》。6 岁时，教他学习《鉴略》《孝经》。

识字之余，祖母很重视培养他读书学习的兴趣和习惯，教给他做人的道理。祖母教导他："为学宜恒，立身宜正，做事宜诚。"做人要注意："浑厚斯得福，横暴必招灾。"做人要讲孝道。这些道理，李根源牢记在心，终身践行。

李根源15岁时，他爱戴的祖母因病去世了。祖母逝世前，要求家人严格督促李根源读书学习，参加科举考试，求取功名。

父亲李大茂也非常重视李根源的启蒙教育，教他学习《出师表》《正气歌》《史可法复睿亲王书》《朱子治家格言》等。学习上，要求严格，“少不率教，鞭扑子随之”。

父亲重视开拓李根源的视野，培养他目光远大、胸怀天下的情怀。订阅了上海《新闻报》，让李根源每天阅读。李根源从报上了解了甲午战争等天下大事，对苦难深重的中国感到忧虑，对弱肉强食的列强感到无奈，迫切希望中国能够强大起来，走出困境。

父亲体恤民众、乐善好施的仗义行为，潜移默化地影响着李根源。1891年夏秋时节，因自然灾难影响，腾越厅粮价暴涨，民众粮荒。李大茂从陇川购米千余担，以官价出售，帮助民众度过饥荒。

父亲教育李根源不忘祖宗，关爱亲人。1899年，20岁的李根源结婚，完成了他的人生大事。父亲希望他托负起家族的荣光，有所作为，特意指导他完成了家谱《叠水河李氏支谱》的修订、增补工作。李根源养成了访寻、祭拜祖先的孝行习惯，随时持有一颗温暖的孝心。

母亲阙观贞，善良仁慈，持家勤俭，从事多种劳动，如造酱、酿酒、种菜、喂猪、为人洗衣，常常半夜起床，辛苦操劳，供李根源、李根沄读书。李根源和李根沄很懂事，看到母亲辛苦，常常到后山砍柴、割草、替人放牛。从小就养成了劳动和简朴的习惯，非常珍惜读书机会。在外读书时，李根源每餐最多两个菜，一个腌鸭蛋，要吃两顿，中午吃一半，晚饭吃一半。身着土布衣服，总是补了又补。

以后，李根源对国家忠，对亲人孝，对朋友善，天下闻名，实际上起源于早年的家教。

私塾教育，让他打下了厚实的国学功底。

参加科举考试，求取功名，是李根源青少年时期所能走的正途，家人对他寄予厚望，让他进入私塾，系统地学习儒家典籍。为了让他学到真学问，长进学业，家里不遗余力地访求名师，拜师求学。17 岁前，先后换了 7 位老师。

赵端礼对李根源影响最大，培养了李根源丰厚的学养。

赵端礼对学生立下三条规矩：炊事浣洗，不得假手仆役；禁穿丝绸皮软；戒旷课。要求学生读经、史、性理、舆地、掌故、辞章，归本于经世。教育学生，读书，自经史始；学字，自篆隶始；做人，自毋自欺始。受业弟子中，获取功名的有 100 余人。李根源曾编纂了《赵门弟子录》，以怀念恩师。

1895 年，16 岁的李根源开始了求取功名的历程，赴永昌府（今保山市），参加童子试，未中。

1898 年，19 岁时，再应童子试，在腾越厅应试的 520 余人中，李根源荣获厅试第 4 名，府试第 9 名，岁试第 3 名，复试第 4 名，终于中秀才了。开始在曩宋关萧公祠开私塾，收徒授业。

经过系统地学习，李根源的学识丰富起来了，儒家典籍、古籍、诗书、金石、书画等皆有造诣；喜欢行万里路，游历、考察各处的名胜古迹，探寻前人的成败之路，增长见识，启发思维，提升了自己的能力。

1900 年 6 月，21 岁的李根源长途跋涉，到昆明参加乡试，因八国联军侵华战争，乡试被取消。只好滞留昆明读书，母亲病危，才返回南甸。

1903 年 6 月，24 岁的李根源与同乡李曰垓、寸品升、刘楚湘等，再赴昆明乡试，岂料时局骤变，就连一向顽固、腐朽的清政府，也推行“新政”改革了，其中，教育方面，开始废除了八股文体，改试策论。

李根源转而报考云南省高等学堂，以备取第38名被录取。

新式学校给李根源开启了一道新的大门，登上了一个新的平台。教员陈荣昌、孙光庭、李文治、黄华、蒋谷、秦光玉、李学仁、张鸣范等，均为云南学界翘楚，学识渊博，见地精深，授课认真。同学罗佩金、赵伸、李曰垓等为同道，常常在一起指点江山，交流新思想。

1904 年 6 月，云南省官费留学日本考试，云贵总督丁振铎、巡抚林绍年、督学吴鲁为主试官，录取了 100 余人，科目分别是陆军、师范、政法和实业。李根源以陆军 30 名中的第十名，考取官费留学。

李根源的天地广阔了。

雄鹰振羽，跃上蓝天，飞过高山，飞过江河，飞过平原，飞过大海，找寻新的天地，沐浴阳光，吮吸雨露，茁壮成长。

投身革命反帝制

真理面前，人人平等。

留学日本

中国与日本一衣带水，隔海相望，自古往来频繁。近代，日本推行资本主义制度的改革，即著名的“明治维新”，国家富强起来，进而打败了东亚传统的大国中国、俄罗斯，雄踞东方，跻身世界列强。中国朝野，无不钦佩、羡慕，产生了效法日本的愿望。

内忧外患的清政府，决心推行“新政”改革，挽救危局，巩固统治。举措之一，就是选拔大批青年学生到西方国家留学，尤其是到日本留学，学习西方先进的军事、法律、教育、实业等思想和技术，培养中国所需的人才。选拔采用考试的形式，录取后为官费，政府资助。

1904 年 8 月 11 日，在护送委员郑荻洲带领下，李根源与同学赵鳌、张朝甲、李钟本、黄毓成、庾恩赐结伴，从昆明出发。于 10 月 23 日，到达上海。由上海坐轮船，乘风破浪过东海。11 月 5 日，抵达日本首都东京。11 日，到日本振武学校办理注册报到手续，正式上学。

振武学校是专门为中国留学生开办的一所初级军事学校，学制 1 年零 3 个月，属于预科教育，主要学习文化课，奠定知识基础，之后再进入正规军校学习。课程有日本语、日本文、算术、代数、几何、三角、化学、物理、地理、历史、生理卫生、典令教范、体操等。

在振武学校的云南省籍留学生共有 40 人，大多在后来的中国军政舞台上有一席之地。

刚入学2个月，李根源的灾难接踵而至了，又是中风，住进了青山陆军医院，后转入青山病院。高昂的医疗费用，是杨振鸿、罗佩金及北京京师大学堂的李曰垓筹措馈赠，才得以支付。

1905年4月，李根源回振武学校，边恢复，边学习。校方及同学建议他改学校，转去学政法类。李根源坚决不改学校。校方照顾他，不出操。病愈后，李根源抓紧时间补课，年终考试，取得了“上等”的好成绩。

1906年7月，27岁的李根源从振武学校毕业。

1907年1月，28岁的李根源进入日本第8师团弘前步兵第31联队充士官候补生，接受新兵入伍的训练和教育。12月，结束训练。李根源从二等卒，到一等卒、上等兵、伍长，升为军曹。弘前训练的经历，李根源编著了《弘前日记》一卷，未刊印。

1908年1月4日，29岁的李根源正式进入著名的日本陆军士官学校，为士官生第6期步兵科学员，系统学习日本的军事理论和技术。这所学校是培养中下级军官的军事学校，开设的课程，主要有：战术学、筑城学、地形学、测绘学、兵器学、军制学、马学、卫生学，还有各种军事技术，如典、范、令、图、上阵术、兵棋、实地讲话、实地测绘、战术实施等，理论与实战技术相结合，造就了一大批军事人才。

12月23日，第6期毕业，日本明治天皇亲临毕业典礼会场，向学员颁发毕业证书。第 6 期毕业的中国留学生有 198 人，是人数最多的一期，他们中的相当一批人，日后在中国声名隆盛，成为呼风唤雨、风云一时的大人物，如孙传芳、尹昌衡、李根源、刘存厚、罗佩金、阎锡山、顾品珍、唐继尧、赵恒惕、李烈钧、程潜等等。

毕业后，李根源分到日本第 8 师团青森步兵第 5 联队做见习士官，时间达半年。李根源编著了《青森见习记》一卷，未刊印。

扎实的军事理论和军事技能，为李根源的从军之路奠定了坚实的基础。只要有机会，他就可以统兵，冲锋陷阵，建功立业了。

机会终于来了，而且是在李根源毫无准备的情况下，让他感到意外时来到的，就是创办云南陆军讲武堂。

服膺革命

李根源等大批留学生，官费赴日本留学，清王朝期望他们学成归来，报效朝廷，加强中国的国防力量，巩固清政权。在清王朝的体制内，已经为这批留学生预留了优越的位置，只要回来效力，就可以分享权力，施展抱负，建功立业，光宗耀祖，享受荣华富贵。其实，这正是李根源早年寒窗苦读所追求的理想目标，也是李根源那一代读书人所追求的理想目标。

李根源等大批留学生，却不愿走清王朝给他们预设的锦绣前程了。他们甘冒搭上身家性命的高风险，去做一件伟大的事业。在风雨如晦的封建专制时代，这会祸及亲人，葬送家人的幸福和希望。他们的行为，确实让人敬佩！他们成了国家、民族的脊梁，承载着国家、民族的希望。

有官费保障，衣食无虞的留学生，感受日本的繁荣昌盛，旁观积重难返的中国社会，政治腐朽、黑暗，经济落后、贫穷，文化衰落、无望，国家混乱无序，人民悲惨度日，实在是没有希望！这帮热血青年义愤填膺，对中国社会现实产生了强烈不满，毅然决然地站到了清王朝的对立面，干起了推翻封建君主专制统治、埋葬清王朝的革命活动。

对于清王朝给予的恩惠，他们不觉得难为情，而是坦然地认为：不足挂齿！

这些留学生们坚信：从历史的长河来看，国家、民族才是长久的、永恒的，王朝只是瞬间的、某一个阶段的标记，只要所做的事业有利于国家和民族的长远利益，就能超越某一王朝、某一阶段的利益，具有永恒意义，完全不必顾虑某一王朝、某一阶段的利益。国家权力属于人民，“主权在民”，并非神授。普天之下，并非王土。人民有权管理国家事务。清王朝资助的经费，来自人民的税收，取之于民，并非清王朝或具体的某一官员的私相授受，不能因小义而忘记了国家、民族的大义。

留学生们摆脱了封建思想的桎梏，义无反顾地投身于反清革命活动。李根源正是其中的代表之一。

李根源一方面刻苦学习军事，一方面积极从事革命活动。革命活动主要包括三个方面：组织活动，宣传活动，斗争活动。

组织活动，就是团结志同道合者，壮大革命力量，共同斗争。

1905 年 7 月，26 岁的李根源与杨振鸿、罗佩金相约到日本横滨，拜见了著名的中国民主革命的先行者孙中山先生。陈天华、匡一、刘揆一、仇亮及日本友人头山满、宫奇寅藏等陪同见面。孙中山勉励："革命是艰苦事，要卖命！" 李根源开始追随孙中山，从事革命活动，参与了中国同盟会的筹建，并率先于 7 月宣誓入盟，成为中国同盟会首批会员和发起人之一。

李根源担任了云南留日学生同乡会会长，中国留日学生总会评议，黄兴创办的大森体育会教练，借体育训练之名，对同盟会员进行军事训练。

宣传活动，就是宣传资产阶级民主革命理论，动员、发动社会各阶层民众投入到推翻清王朝的革命活动中来。

中国同盟会领袖孙中山、黄兴非常关心云南的革命发展，于 1906 年初，专门约见云南籍留日学生革命骨干吕志伊、杨振鸿、李根源、赵伸、罗佩金，指导他们利用云南有利的革命形势，创办云南地方刊物，积极从事革命的宣传、鼓动工作，推进云南省革命形势的发展。

1906年4月，《云南》杂志在日本东京宣告成立，李根源、赵伸为干事（社长），张耀曾为总编辑，席上珍、孙志曾为副总编辑。10月15日，《云南》杂志创刊号正式出版。

《云南》杂志是中国同盟会云南支部机关刊物，宗旨是宣传三民主义，结合云南的省情，呼吁反对帝国主义，保卫全省人民利益。主要面向云南读者，在昆明兴隆街设分社，省内各府、州、厅设代办所，推广《云南》杂志；也向省外、国外推广《云南》杂志，在其他省区以及海外的新加坡、缅甸、越南等地设代办所。

《云南》杂志受到清政府的打击，云南地方政府严禁在省内发行，禁止学生阅读，逮捕推销员。中间有2次被迫停刊。至1911年武昌起义爆发时最终停刊，历时5年，共发行23期及特刊《滇粹》1期，坚持的时间比较长；发行量由几千份增加到1万多份，发行量比较大，甚至还被逐期译成英文、法文，产生了广泛的影响。

李根源为《云南》杂志倾注了心血，做出了贡献。1909年5月，回国时，李根源曾在广西给杂志社寄了200元经费。到昆明，再寄200元经费。1911年8月，又与罗佩金共同寄了1000元经费，作为杂志社善后和人员回国船费。

1906年秋冬，孙中山主持制定《中国同盟会革命方略》，以作为指导革命斗争的策略和方法，油印发给会员讨论。李根源认真研究，提出了十多条意见，被接受，并做了有关修改。李根源还被上海《中外日报》聘为驻东京特约通讯员。

1908年4月30日，中国同盟会领导的云南河口起义爆发，中国同盟会云南支部领导人吕志伊、杨振鸿、赵伸及李根源，在东京组织召开了“云南独立大会”，赵伸主持大会，宣布云南独立，与清王朝脱离关系。派杨振鸿、黄毓成等20余人，携捐款数千元，赶回河口援助。因起义失败，计划没有实现。

斗争活动，就是身体力行，直接参加斗争，发挥革命的先锋和模范作用。

1905年，云南留日学生通电，要求废除《矿务章程》，将矿权收回自办，撤除云贵总督丁振择职务。李根源与杨觐东、寸辅清联名上书给清政府，要求取消《矿务章程》。

1911年8月，云贵总督李经羲与隆兴公司代表高林士多次谈判，双方约定：清政府赔偿白银150万两，分10年赔清，《矿务章程》作废。反对英法霸占7府矿权的斗争，终于取得了胜利。

1905年11月，为阻挠留日学生的反清活动，清政府与日本政府商定，日本文部省颁布了《取缔清韩留日学生规则》，主要内容：取缔留学生的政治活动，集会结社；行止要到清驻日公使处登记，随时接受追踪调查；信件、电文等要报备，接受检查；只能在学校宿舍过夜，限制居住。以此限制留日学生的行动，并称中国人“放纵卑劣”。在中国同盟会领导下，留日学生罢课抗议。李根源、黄郛等作为振武学校的留学生代表，参与了斗争。日本政府做了一些让步，答应了留学生的一些条件，承认了中国留日学生会馆。

最重大、最出彩的斗争，应是控告云贵总督丁振铎、云南洋务局总办兴禄。

1906 年 7 月 22 日，留日云南同乡会推举李根源、由宗龙、吴琨为代表，自东京回北京，向清政府控告民愤极大的云贵总督丁振铎、云南洋务局总办兴禄。李根源撰写了《记丁振铎事》和《记兴禄事》两篇文章，发表于上海《中外日报》和北京《中华报》，揭露两人祸害云南的罪行。

“云南近十余年，内政、外交、军事，腐滥失败，构成危局，亡省之厄，在于旦夕，虽阶之厉者，历任各督抚如崧蕃、魏光焘、丁振铎辈宜尸其咎，而祸患导线，实由兴禄。”

“振铎军政吏治外交，均陷云南于危亡不可收拾之地，为世所公信，而清廉之节，人尚不能非之。其所以受钻营奔竞、目不识丁之兴禄之蒙蔽在不知者，亦有由在。”

“振铎为兴之所蔽，凡与英、法交涉，无不崇外而自抑，向怪其庸，今又知其有更大之原因在。”

清政府怀疑李根源煽动，准备逮捕他。李根源连忙乘火车赶往天津，坐轮船回日本东京去了。

李根源初期的政治活动，主要还是针对云南的人和事，所以，可以说：云南成为李根源革命生涯的初步演练场。

革命熔炉

1909年5月28日，李根源在日本第8师团青森步兵第5联队做见习士官，半年的见习期满了，可以回国了。

机遇已经在向他招手了！

早在1个月前，护理云贵总督沈秉堃急电他回云南，有任用。沈秉堃身为封疆大吏，与30岁、正值而立之年的李根源素昧平生，而且有大批云南留日学生可资选用，为何会偏偏垂青于李根源？李根源自己都不明白，为什么一回来就委他重任。

原来，沈秉堃曾到日本考察官费留日学生，与学生们聊天，问："你们这些同学，哪一个比较厉害？"

很多同学都说：李根源，有能耐，有威信，有组织能力，学习也好。

与许多恃才自傲的留学生相比，谦和、人缘好，有领导才干的李根源格外引人注目，被沈秉堃相中，认为堪当重任。其实，沈秉堃只了解李根源的军事素养和领导才干，并不知道李根源的政治信仰和革命背景。加之1909年2月，云南新编成的新式陆军——第19镇，急需培养新式军官，急需李根源来筹办军校。

然而，李根源并没有马上返回云南。

李根源接受了延吉边防督办、日本陆军士官学校第1期学生吴禄贞的邀请，自日本东京出发，取海道，经朝鲜，到东北的安东（丹东），再去奉天（沈阳），历时25天。经吴禄贞介绍，已调走的东三省总督徐世昌，新任东三省总督锡良，均拟用李根源，锡良委任李根源为总督署兵备处提调。李根源拒绝了，决定还是回云南，并把自己的理想告诉了同学、奉天陆军小学堂总办张华飞。张华飞再转告吴禄贞。吴禄贞知悉后，认为李根源不宜久留，应立即离开奉天。马上派人召回正在等待锡良接见，准备辞别回滇的李根源，派人购票，送李根源去北京。

1909年任云南陆军讲武堂总办时之李根源

在北京，云南籍日本陆军士官学校第6期同学杨集祥向寿勋、良弼告密，说李根源是东京"云南独立大会"的组织者，是革命党人，应防范。李根源被传见，拒绝承认。同学谭学夔、葛光庭、马林等帮忙解脱，才没有被扣留，但在安定门白衣庵住处被软禁了1个多月，才得以潜逃天津，乘轮船去上海，绕道台湾基隆、香港，平安到达广州，与同学相聚。

广西提督、云南人龙济光闻讯，派人来迎接李根源去广西南宁。李根源与同学、好友、广西随营学堂总办罗佩金相见，还与广西新军标统（团长）、日本陆军士官学校第 3 期学生蔡锷见面，结下友谊。

李根源在南宁住了半个月，发觉龙济光不足以谋，便辞别，前往驻龙州的左江镇总兵陆荣廷处，并随同去水口阅兵，住 10 日。

沈秉堃多次来电催促，李根源从镇南关（友谊关），取道越南文渊、谅山、东京（河内），到达云南河口。河口副督办嵇祖佑派蒋光亮带 10 名卫兵，护送李根源回昆明。

8 月 28 日，历时 3 个月的艰辛，李根源回到昆明。

8 月 29 日晨，沈秉堃接见了李根源，予以勉励。晚 8 时，沈秉堃的委任状送到，委任李根源为云南陆军讲武堂监督（相当于副校长或教务长）兼步兵科教官。

8 月 30 日，沈秉堃再次传见李根源，亲切地称呼“李学生”。要求尽快筹办云南陆军讲武堂，在 9 月 28 日开学，这一天是传统的农历八月十五中秋节。许诺在办学方面，听李根源自己主办，“决不牵制”。指示粮饷局负责人：“以后李学生如要用钱，须尽力支持。”

9 月 28 日，中秋节这一天，云南陆军讲武堂开学了。

兵备处总办高尔登兼任云南陆军讲武堂总办（校长），李根源任监督。1910 年 5 月，高尔登辞去云南陆军讲武堂总办职，李根源继任为总办，沈汪度为监督，张开儒为提调，3 人均为中国同盟会会员。

云贵总督非常重视云南陆军讲武堂的办学。沈秉堃

云南陆军讲武堂

于1910年10月调任广西巡抚。李经羲于1909年2月升任云贵总督。李经羲到任后，对学员训话时曾讲，云贵总督可以不做，但讲武堂不可以不办。

云南陆军讲武堂是以轮训在役军官为主、兼招考中学以上青年学生、培养下级军官的军校。

教官以年轻的留日学生为主，李根源、李烈钧、方声涛、赵康时、沈汪度、唐继尧、庾恩赐（庾恩旸）、顾品珍、刘祖武、李鸿祥、李伯庚、罗佩金等，日后大多在中国的军政舞台上叱咤风云一时。初期的47名教官，其中，中国同盟会会员17人，革命分子11人，赞同革命8人，政治取向不明11人。主导云南陆军讲武堂思想倾向的是资产阶级民主革命思想。

学制方面。清末，一般军校的学制为4个月，除去假日，实际仅为3个月。云南陆军讲武堂，每一期设甲、乙、丙3个班。甲班、乙班学制1年；特别班学制2.5年；丙班学制3年。学制比较长，学员的基础比较扎实。

学员规模方面。第1期中，甲班120人，为在役的第19镇管带（营长）、督队官（副营长）、队官（连长）、排长等军官，接收轮训；乙班100人，为在役的巡防营管带（营长）、邦带（幅营长）、哨官（连长）、哨长（排长）等军官，要求年龄在30岁以下、有文化，接受轮训；丙班200人，招考中学生，年龄在16岁至22岁，培养后充作下级军官；从丙班中挑选出100名成绩优秀学员，组成特别班；1910年初，随营学堂学员200人，并入丙班；1910年5月，招收师范学堂毕业生30人，设为附班。所以，云南陆军讲武堂开办时，学员规模为650人。

1910年8月，第1期甲、乙两班学员毕业，又调选了第2期甲、乙两班学员各80人，接受轮训。

李根源任总办时，培养的学员约800人。

课程设置方面，分步兵、炮兵、骑兵、工兵、辎重兵5科。实行分类教学，甲、乙班学员，有军事阅历，专门学习军事课，如战术学、兵器学、军制学、地形学、测绘学、筑城学、卫生学、马学，各种典范、令及战术实施，沙盘，野外演习等。丙班，先学习文化课，如国文、算术、历史、地理、伦理、器械画、英文及法文，再学习军事课。

李根源确定了校训：坚忍刻苦。

云南陆军讲武堂的办学，基本是依照日本陆军士官学校的办学模式。校风严谨，纪律严明，教学严格，规章制度及课程完善。重视培养学员的良好军事素养，训练学员强健的体能和扎实的军事技能，每天早晨唱军歌、做体操、跑步，晚上上自习，夜间入睡后，常紧急集合，所以，学员的军事素质过硬。

云南陆军讲武堂办学质量高，除了培养的学员军事素质过硬外，另一个突出的特点，就是非常重视提高学员的政治思想素质，用爱国的、进步的思想武装学员，促使学员积极从事反清革命活动。

中国同盟会云南支部积极在云南陆军讲武堂内秘密开展组织活动。教官组成一个小组。学员七八人一组，各小组间不联络。每一小组，只有一人与上级联系。这样确保组织的安全。反清革命组织迅速发展壮大。

师生秘密传阅进步的革命书刊，如《民报》《云南》《天讨》《汉声》《南风报》《警世钟》等。

学校领导和教官，常用暗示、隐喻的方式，启发学员积极从事反清革命活动。常用的方式就是借明朝反清朝，用民间传统的“反清复明”思想，说明清王朝是外族，不是正宗的统治者，应推翻清王朝的统治。

李根源把建在云南陆军讲武堂西南边的别墅，取名“思沐小墅”，怀念赶走元朝势力的明朝将领沐英。1910年2月24日，李根源与李烈钧、罗佩金、顾品珍等率领学生到昆明郊区黑龙潭拉练，专门带学生拜谒明末不愿顺从清朝、带全家投黑龙潭殉节的知识分子薛尔望墓。李根源意味深长地说：可惜他是文弱书生，不然，我们国家就不会这样。我们是军人，难道不应该弄清楚，学军事为了干什么？对于忠君问题，李根源是这样跟学生讲的：假使李自成成功，又何尝不是君呢？其余的话，我不能说，你们是知道的。

李根源后来说得很明白了："第（弟）反正以前，不得不借种族问题，以鼓吹同胞之气。"

1910 年 4 月 1 日，滇越铁路通车典礼。上午，李根源集合学员，发表讲话，说：法国修的滇越铁路到昆明了，我们国家不仅修不起，还将主权送给外国人。我们军人，有守土卫国的责任。大家在学，应努力学习，将来要雪此耻辱。今天放假一天，作为纪念，希望大家牢牢记住今天，放假后可以到车站看看。

李根源与学生们都到火车站去看了通车典礼。国文课还以《看滇越铁路通车的感想》为题，布置给学生作文，激发学生的爱国情感。

民主革命理论如甘露，滋润着年轻学员的心田，使他们精神焕发、斗志昂扬，坚定地从事危险的反清革命活动。朱德称云南陆军讲武堂是"革命熔炉"。

云南陆军讲武堂的革命浪潮在涌动，引起了效忠清王朝的官员的警惕。

第 19 镇统制钟麟同、第 19 镇总参议靳云鹏、兵备处总办王振畿、第 19 镇第 38 协协统曲同丰、提学使叶尔恺等攻击云南陆军讲武堂最力。

李根源等多方奔走，反复向李经羲进行解释，才使李经羲不怀疑，保存了云南陆军讲武堂。朱德曾在延安《解放日报》上著文，回忆说："清政府对于革命力量的压迫，是极端残忍的，对于讲武堂的摧残，是非常严厉的。李根源先生对于学校的维护，起了很大的作用，凭着他的革命热忱与灵活的手腕，任劳任怨的精神，这个革命的熔炉才得以保存下来。"

但李经羲对李根源不再信任了，采取了防范措施。1911 年 8 月 22 日，刚刚考察片马局势归来的李根源，被解除了云南陆军讲武堂总办职，调任督练处副参议官。可是，革命的火种已经传播开来，革命的潮流汹涌澎湃，不可阻挡。

李根源主办云南陆军讲武堂 2 年，是开创性的 2 年，为其后来名扬中外打下了坚实的基础。

云南陆军讲武堂成为中国近代著名的军事院校，与天津讲武堂、奉天讲武堂，并称三大讲武堂，后与黄埔军校、保定陆军军官学校齐名。

云南陆军讲武堂培养了 2 位元帅，数百名将军，3 个国家的军队总司令和国防部长。包括：

中国人民解放军总司令，全国人大常委会委员长朱德元帅；

中华人民共和国国防部部长，全国人大常委会委员长叶剑英元帅；

朝鲜人民军总司令，朝鲜最高人民会议常委会委员长崔庸健次帅；

越南国防部部长兼越南人民军总司令武元甲大将；

越南临时政府主席武海秋；

韩国首任总理兼国防部长李范奭。

百年过去了，云南陆军讲武堂遗址尚存，位于昆明城中心、著名风景区翠湖西岸承华圃，布局为米黄色砖木结构的四合院，由东、西、南、北四座二层楼房组成，各楼对称衔接，设有通廊，楼端各有拱券门一道。整个建筑，占地面积 1390 平方米。主楼西南尚存大课堂（礼堂）和兵器库。南楼中部有阅操楼，高约 15 米，宽 13 米。楼前宽阔的练兵场，已为云南省科技馆所覆盖。

内部陈列的图片和实物，留有当年青年军人的英姿和余香，音容笑貌，历历在目。这群朝气蓬勃的热血青年，仿佛并没有走远，只是昨天刚刚离开，去捍卫共和，去御侮边疆，国强民富时，他们会回来。清风拂过院内的老柏树，轻微的沙沙声，似乎夹杂着哀怨的叹息，还有隐隐约约的喊杀声和枪炮声。战场是军人的人生舞台。讲武堂的操场，等待着铁血男儿们班师凯旋；讲武堂的教室，等待壮士把英雄的故事传说；讲武堂的宿舍，等待醉卧沙场的战神回来休养生息。

墙外车水马龙，人来人往，一切又是那么久远，那么遥远，那么疏远……

1983 年，云南陆军讲武堂，被列为云南省省级重点文物保护单位。

1988 年，云南陆军讲武堂，被国务院公布为全国重点文物保护单位。

重九起义

全国的革命形势迅速发展，云南的革命条件也日渐成熟，清王朝气数已尽。

1911 年 3 月，云贵总督李经羲因第 19 镇总参议靳云鹏“专权任私”，想另找倚重的军事人才，让李根源、罗佩金物色军事人才，李、罗乘机推荐了蔡锷。刚好李经羲任过广西巡抚，也认识蔡锷。蔡锷由广西新军混成协协统，调任云南新军第 19 镇第 37 协协统（旅长）。5 月，蔡锷就任后，调整了第 37 协的人事，对重九起义的成功，发挥了重大作用。

蔡锷到昆后，加强了云南的革命领导力量。沈汪度致电在滇西北片马考察边务的李根源，速回昆商议革命大计。李根源致电李经羲，请求回昆。不待复电，便日夜兼程 17 日，于 8 月 2 日回到昆明。

李经羲听取了李根源的考察汇报，表扬了李根源的考察成绩，又批评了李根源不等命令、擅自回来的行为，说他学生习气，调整了李根源的职务，改任督练处副参议官。

10 月 1 日，李经羲令李根源与第 37 协协统蔡锷、参谋处总办殷承瓛等到宜良法明寺筹办冬季大操。正准备间，10 月 10 日，武昌起义爆发，并取得了胜利。李根源深受鼓舞，赶回昆明密谋起义响应。

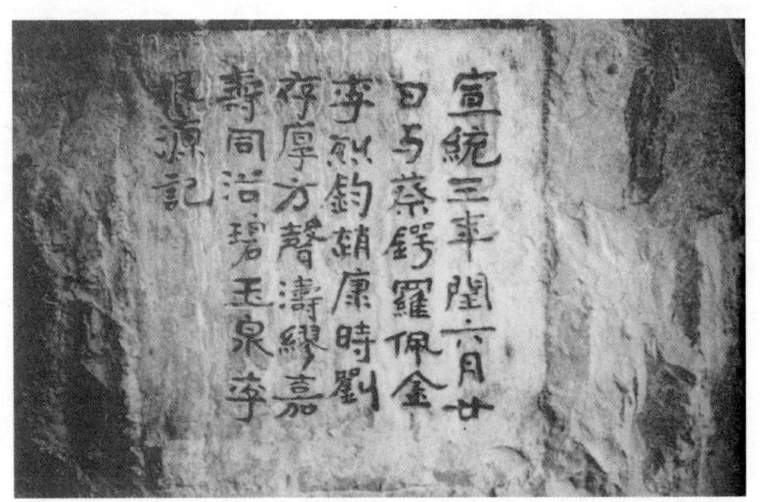

1911 年农历闰六月二十日，李根源与蔡锷、李烈钧、罗佩金等人在安宁温泉共商反清大计。图为李根源在安宁温泉的摩崖题记

10 月 16 日到 28 日，筹划举事的核心成员蔡锷、罗佩金、刘存厚、唐继尧、殷承瓛、沈汪度、李鸿祥、谢汝翼、韩凤楼、张子贞、雷飙、黄毓成等举行了 5 次秘密会议，决定于 10 月 30 日（农历九月九日）深夜 3 时起义，以枪声为号，起义部队主要是驻昆明的第 37 协和云南陆军讲武堂师生，其中，驻昆明北郊北校场的第 73 标中的起义部队，自北门进攻昆明城；驻昆明南郊巫家坝的第 74 标中的起义部队，自南门进攻昆明城；云南陆军讲武堂的师生做内应，负责打开城门，里应外合，占领昆明。此时，管带（营长）以上的军官，大部分都支持革命，条件有利。布置妥当，便各自分头作准备。

10 月 30 日下午 3 时，蔡锷与唐继尧、沈汪度、李鸿祥、张子贞、雷飙等再次秘密会议，分析情况，判定准备工作进展正常，确定按原计划举事。

昆明，事实上形成了以蔡锷、李根源为领导核心，新军中下级军官和云南陆军讲武堂教官为骨干，以新军士兵和讲武堂学生为基础，政治立场坚定，革命斗争坚决的强大起义力量。

对于革命的领导人人选问题，在内部一度有争论。李根源、罗佩金、殷承瓛等主张由云南人来领导；唐继尧、李鸿祥、刘存厚等认为蔡锷比较合适。李根源等同意推举蔡锷。

蔡锷不是中国同盟会会员，但他的官阶高、资历老、名气大、有才干，是梁启超的学生，赞同革命，所以，受到拥戴。尽管起义前没有明确规定，然而，蔡锷事实上成了重九起义的临时总司令。

李根源威望高、资历老，云南本地人，但是筹划起义的秘密会议都没有记录到他。李根源后来回忆，他参加了唐继尧家的会议。李根源事实上成了重九起义的临时副总司令。

所以，起义军攻下五华山后，宣布以蔡锷为起义军总司令，李根源为起义军副总司令。

起义计划中，原定李根源率云南陆军讲武堂学生做内应，打开城门。李根源不干了，说小看他了。提出去指挥比较难掌控的第 73 标。第 73 标中，只有第 3 营管带李鸿祥是中国同盟会会员，掌握了这个营，其余第 1 营、第 2 营及第 73 标标统丁锦，都是反对革命的。

10月27日，云南革命形势急变，腾越起义爆发，成功控制滇西边疆地区。

10月30日晚，李经羲召见李根源，告诉他说腾越叛乱了，赶快准备带兵去镇压。李根源说：好！正听着训话，忽听到枪声，李根源知道事情危急，应立即去探明情况，便编了个理由，告别李经羲出来，赶往北教场去指挥起义军。出来一看，北教场方向，已经枪声大作，火光冲天了，无疑是起义打响了。

原来，起义准备中出了意外，起义提前打响了。

30日晚8时，北教场第73标第3营排长黄毓英、文鸿逵、王秉钧等，指挥士兵抬子弹分发，做起义准备。值日队官唐元良发现，引起争执。黄毓英等开箱发枪，右队官安焕章赶来阻止，粗暴地用指挥刀、皮鞭打士兵。起义士兵开枪打死了唐元良、安焕章及督队官薛树仁等。

起义已经暴露了。

第73标第3营管带（营长）李鸿祥，随机应变，紧急下令吹号，集合部队，正式起义。

李根源赶到北教场时，第73标标统丁锦正命令卫队进攻起义军，起义军官兵死伤20多人。李根源令排长王钧，率兵直扑73标本部，丁锦负伤逃走，起义军控制了北教场的局势。晚8时40分，李根源、李鸿祥整顿队伍，进攻北门。

做内应的云南陆军讲武堂学员，并不知道起义已经提前打响了，也就没有预先开门。起义军组织50多人搭成人梯，爬上城墙，打散守军，用大斧头砍开城门，攻入城内。李根源跳战壕时，不慎摔一跤，扭伤了脚踝，不能行走，由两个士兵搀扶着，继续指挥战斗。

李根源派兵守住银圆局、机器局、粮饷局、布政司等衙门，保护资产；派兵切断通信线路，扼守北门，阻挡敌军入城；派一部分兵力守住小西门及大、小东门，迎接巫家坝起义军入城；令刘祖武率兵猛攻军械局。

此时，起义军急需弹药，每枪只有 5 发子弹，1 分钟就打完了。而且，李经羲从滇南调回昆明防守的部队已经到呈贡，很快就能进入昆明城区。必须尽快拿下昆明，掌握局势。

军械局是弹药储存地，大门、后门、围墙碉堡上，均配有机枪，火力强，防守严密，又有五华山敌军的俯射，子弹交织，互成犄角。第 73 标攻到 31 日凌晨 4 时，伤亡惨重，仍攻不下来。第 74 标第 3 营及部分炮兵赶来增援，但不敢炮轰。李根源下令运来黑炸药，埋于墙角，连爆 3 次，在围墙上炸开了一个 5 尺宽的洞口。谢汝翼趁势率部冲入，打跑守军。31 日上午 11 时，终于攻克军械局，起义军得到大批武器弹药补充，军心大振。

巫家坝的第 74 标起义军，并不知道北教场第 73 标提前起义了。

蔡锷接到李经羲的电话命令，说松坡啊，北门乱党造反了，正在进攻，赶快带兵来镇压。这才知道起义打响了。

晚上约 10 点，蔡锷下令：立即分发子弹，整队集合，宣布起义，迅速向昆明城进攻。

第 74 标标统（团长）罗佩金率部从小东门入城，派第 3 营、炮标 1 营，驰援 73 标，合攻军械局。罗自率第 1 营、第 2 营，分别攻打五华山和都督署，炮标 2 营助攻都督署，炮标 3 营猛轰五华山。

10 月 31 日上午 6 时，朱德率部由西辕门首先冲入都督署，守军全部缴械投降，清王朝在云南的最高统治机关——都督署衙门被起义军占领。

73 标攻下军械局后，与 74 标配合，合力强攻五华山。10 月 31 日下午 1 时，攻下五华山，昆明全城光复。

11 月 1 日，大中华国云南军都督府，又称大汉云南军政府成立。蔡锷被推举为都督。李根源任军政部总长兼参议院院长。

11 月 2 日，赵又新领导临安起义，光复临安。

重九起义，打得激烈，伤亡惨重。起义官兵牺牲 150 余人，负伤 300 余人。敌军死亡 200 余人，负伤 100 余人。第 19 镇统制钟麟同、参谋杨集祥、布政使世增、兵备处总办王振畿等被杀。第 19 镇总参议靳云鹏化装为轿夫，逃出昆明。提学使叶尔恺被俘，李根源反对枪决，从河口送出国。

李经羲被活捉，蔡锷、李根源念旧，送还其存款 4 万两白银，另赠 5000 大洋，礼送出河口。经越南，转香港，到达上海。

重九起义是较早响应武昌起义的重大事件，促进了全国革命高潮的到来，加速了清王朝的垮台。

保卫边疆勇担当

天下兴亡，匹夫有责。

片马献策

1910年，滇西北边疆、中缅北段未定界区域内的片马地区，又出事了。

先是永昌府保山县所辖的登埂白族段氏土司，与在片马贩卖杉板的汉族商人徐麟祥、伍嘉源发生利益冲突，徐麟祥约伍嘉源、段有贤，于1907到保山县告状，诉土司加抽官税。保山县判令土司不得再收杉板税及“水租门户”。土司不服，于1908年3月，1909年11月，两次派武装进攻片马。徐麟祥等便盗用茶山各寨的名义，做木刻“禀词”，送到昔董给英缅政府，请求“保护”。

英国指责中方登埂土司带兵过界，要求赔偿“缅民”损失。1910年4月，英国驻腾越领事娄斯到片马活动，想收买当地头人附英，没有成功。12月，英军2000余人（士兵多为缅甸人），驮马2000余匹，自拖角，经盐井坝、把仰、毛绞，二渡小江，于1911年1月4日，占领片马。

中国震惊，各界民众强烈要求清政府出兵，收回片马。片马各民族奋起反抗。云贵总督李经羲建议先外交交涉，如要出兵，愿亲自督军备战。清政府向英国提出严重抗议，电令驻英公使刘玉麟与英国外交部交涉，要求英方先退兵，双方派员商议界务问题。

滇西北边疆片马抗英纪念碑

中国感到棘手的问题，是对片马地区的情况不甚明了，影响筹措。这一地区山高路远，地形复杂，民族风情各异，特别是中缅边界长期悬而未决，中国的管理非常松散，不知如何应对。当务之急是查清边情，研究对策，为有可能的中英外交交涉做好准备工作。

李经羲选中了李根源，担当这份沉甸甸的重担。从李根源的综合素质、各方面的条件来看，确实是李经羲的不二人选。

李根源把云南陆军讲武堂总办的工作，交由监督沈汪度代理。

1911年1月28日，李根源率领辛丞贵、潘万成、刘礼成、王秉钧、聂绅文、何文麟、杨锡绶、蔡朝礼、任宗熙、景绍武等，从昆明出发，前往滇西。随身携带了大量资料，如《一统志》《云南通志》《永昌府志》《腾越州志》《腾越厅志》《滇系》《徐霞客游记》《绥缅记事》《征缅记闻》《云南勘界筹边记》等，供参考和研究。

这一天是传统春节大年三十的前一天。

1 月 29 日，大年三十年夜饭，是在禄丰吃的。

抵下关，分出辛丞贵、刘礼成、景绍武，走剑川州至落木登，下秤戛会合。

到漾濞，分出王秉钧、聂绅文、蔡朝礼，经云龙，至六库会合。

李根源率调查队部分人员，到永昌府，经董达，渡怒江，走蛮因、练地、六库、登埂、鲁掌、卯照、秤戛，了解英军的驻防情况。沿高黎贡山古道，自灰坡，过天近山、腾云寺、马面关、界头，渡龙江，抵明光、茶山河。改穿傈僳族服装前行，越大小垭口，走甘稗地，凭吊抗英英雄左孝臣。过派赖、茨竹，3 夜宿于深山老林中。

淌过滚马河，到达英军军事要地他戛。杂于当地人中，两夜露宿于英军军营外，侦察军情。一个紧跟英国人的伍姓土司，盯上了高大魁梧、气宇轩昂的李根源，拉着他的双手，仔细端详，说：

“你不像本地人！”

当地向导忙打掩护，搪塞过去。

李根源一行在独末，滑溜索，过小江。经干坤、官寨，在鱼硐、上下片马、古浪、岗房、板厂山一带详细考察。

考察完毕，沿楚余河找归途。到火草地。1906年，腾越道石鸿韶与英国驻腾越领事列敦勘察中缅北界时，走到火草地，天降大雨，楚余河水暴涨，不能渡河前行，年老体弱的石鸿韶困在轿子中，2天没有吸食鸦片，毒瘾发作，六神无主。列敦乘机逼石鸿韶在小江草图上签了字。

出火草地，走分水岭、大竹坝、大塘，回到茶山河。英方获悉欲缉捕。李根源一行，经固东、顺江、马站，成功回到腾越。

潘万成、王秉钧、景绍武，从秤戛沿怒江北上，到落木登、鹅柯罗，又掉头南下过玉皇山，渡老耿江，西进恩梅开江畔的妥郎、俄约宠等地，再沿恩梅开江南下，至小江汇入恩梅开江处的审鬼。原定用80天，再过恩梅开江，西进温冬、整冬、密支那、八莫，回腾越。然而，王秉钧、景绍武及翻译毛阿扒、小牛凹，均生病，只好取消计划。

沿途，代李根源收了董达乡绅姚联贵之子姚玺文、六库土司段镜湖之子段希声、茨竹土守备左孝臣之子左得光等3人，为义子，收鲁掌土司茶芳泽为门生，以后带4人到昆明上学培养。

在腾越，李根源与迤西道耿葆奎、腾越镇总兵张嘉钰、腾越同知温良彝、盐务总办彭友兰等，会商边政问题。

李根源与迤西道耿葆奎，约见了英国驻腾越领事娄斯。

娄斯绵里藏针地问：未定界应由北京解决，你带兵西进，只是巡边，没有别的意思吧？

李根源说：恩梅开江、迈立开江流域为未定界，本来是我国里麻、孟养土司的属地，从不属于缅甸。小江流域，历来归我国登埂、明光、大塘、茨竹土司管理，英军不能入侵，也不能收门户钱。

娄斯辩解说：界务问题，有条约，有公文，英国愿意尽快勘界。

李根源总结了三条考察线路。并绘制了 124 幅宝贵的地图，后来汇编成《滇西兵要界务图》。

李根源提出了著名的片马局势应对三策。

上策：进兵驱逐。

中策：推翻五色线图，索还侵地，提请世界各国公断。

下策：由外部要求先退兵，后勘界，最小限度必收回里麻，而以迈立开江为界。再不得已，亦须扼定外部原定恩梅开江蓝色界线为据，不能退让一步。

李经羲权衡再三，选了下策。电报军机处、外务部及各省督抚，建议按李根源的意见办理，理直气壮地争回中国领土片马。

此次考察，涉及区域之广，获得资料之多，可谓近代少有。

以武力抗争为上策，说明李根源认清了英帝国主义殖民扩张的本质，没有强硬的抗争精神，难以遏制其侵略势头。解决片马问题，关键在于界务问题。中国应以乙线为重点，要看到，片马之外，还有广阔的国土，要坚持以迈立开江为界，收回里麻土司地；退一步，应守住恩梅开江，千万不能退到高黎贡山一线。

李根源还做了两件有远见、有重大意义的事情，一是派潘万成、王秉钧、景绍武等，考察猎埂河及恩梅开江流域一带的大小70寨子，委任头目，发给执照，并在多处摩崖勒石为记，是继夏湖之后又一次卓有成效的治边活动。二是提出了滇西、滇西北边疆地区的设治方案，并开始实施、推行。

8月2日，李根源回到昆明，考察历时半年多。

李根源的考察及治边活动，加强了滇西、滇西北边疆地区的管理，对后来的滇西防务、滇西抗战及中华人民共和国时期的中缅划界，都起了重要作用。

1960年3月，周恩来总理飞往滇西边疆芒市，与缅甸总理会商签订《中缅边界条约》前，在北京，专程到医院看望住院的李根源，肯定地说："李老，您在清末，为中缅边界问题反对英帝国主义侵占我国领土，出过不少力。现在中缅边界问题即将彻底解决，李老可以放心了！"

不能言语的李根源，频频向周恩来总理跷起大拇指，表达了自己心中的敬意和欣慰之情。

调解腾榆

昆明的革命党人正在屏息准备着、等待着起义时刻的到来。突然，一个闷雷在滇西边疆腾越炸响了。

1911年10月27日下午7时，腾越起义爆发，领导人是张文光，领导成员是李学诗、陈云龙、彭蓂等。他们掌控了第19镇第38协第76标的2个连及巡防营第4营、第5营的兵力。激战一昼夜，占领腾越城。腾越总兵张嘉钰吞金自杀。腾越道尹宋联奎投降，被礼送出境。腾越同知温良彝逃走。

28日，滇西军都督府成立，张文光任都督。两天后，事前定的都督人选、干崖土司刀安仁赶来，为第二都督。陈云龙任都指挥，李学诗、钱泰丰、彭蓂分任都统。

遵照滇西革命的开创者杨振鸿的遗愿：滇西首义，推动全省。

腾越起义军兵分三路，彭蓂部进占永昌府；李学诗部进占顺宁府；刘德胜部翻越高黎贡山，进占云龙。陈云龙统率一部，东进，收降永平县知事蒋树本的势力，乘势向大理推进。

此时，省城昆明"重九起义"爆发，驻大理的新军第19镇第38协（协统曲同丰）已经反正了。云南军都督府任命赵藩为迤西巡阅使，管理滇西片区；通电张文光，要求其服从云南军都督府，撤回军队。

张文光命陈云龙驻永平待命，但是，腾越军的其他人不干了。腾越军广收兵员，扩大到了23个营，约3万余人，力量强大。然而，军纪差，强制向地方索饷，引发民怨；各自为政，缺乏统一的约束和指挥。陈云龙、蒋树本，急着要抢地盘、抢利益，进兵至合江、漾濞间，与阻止的大理军激战，伤亡200余人，败逃而去。

滇西乱局，影响云南政局稳定，威胁着云南军都督府对全省的管理。

蔡锷委任李根源为陆军第2师师长兼迤西国民军总司令，统辖楚雄、大理、丽江、顺宁、永昌、腾越等5府35个厅州县，节制文武官员。

经验丰富的李根源，采取了三大措施，较快地化解了腾榆矛盾，稳定了滇西地区。

一是大军压境，军事威慑，缩编腾越军。

1911年12月2日，李根源统率2000人马自昆明出兵。9日，到楚雄。17日，抵大理。1912年2月1日，进驻腾越。腾越军30余营，缩编为11营，由张文光统领。

裁军遇到强烈反弹，驻永昌府的腾越军统领黄鉴锋部（统领7个营）、大理陆军营长王太潜部与散兵、土匪暗中勾结，发动叛乱，纵火焚烧数百家民房，并趁机大肆抢掠，震动滇西边疆地区。

李根源与赵藩、张文光紧急商量，断然采取措施。张文光调黄鉴锋回腾越，予以处决；李根源出面捕杀王太潜；处决叛乱官兵几百人；处决不法官兵、土匪千余人；也有一些民众受牵连。

二是动之以情，晓之以理，撤销滇西军都督府。

腾越起义领导群体，均为中国同盟会会员。彭蓂、李学诗、李德胜是云南陆军讲武堂毕业生。李根源与他们有同党、同乡、师生的特殊情谊，素受他们的敬重。说话方便，做事好商量。

李根源连发4电，做说服工作。说陈云龙假义军之名，做草寇行为，与大理军冲突，涂炭百姓。过去干革命的目的，就是要保持地方安宁，增进人民幸福，组成共和国家。“若存帝王思想，致使地方涂炭，则天下共诛之！”念及桑梓之情，如果能够“令变思想”，自己愿扶病西来，一起商量善后方法。如其不然，自己不愿同室操戈，仍然要坚持离滇赴鄂，去商议组成中央政府的大事。滇西的事情，只能由其他人来解决，恐怕就不好说了。

1912 年 1 月 29 日，张文光取消滇西军都督府，就任云南军都督府委任的云南协都督。滇西地区，直接纳入云南军都督府管辖，全省统一。

三是多方疏通，化解矛盾，安排留用有功人员。

一大批腾越起义有功或维护地方有功人员，受到重用，如彭蓂、李学诗、由云龙等。

1912 年 3 月 6 日，蔡锷接受李根源的建议，委任张文光为云南提督。

李根源专门做了大理方面钟湘藻大队长的工作，肯定张文光的人品。“张君绍三，心地光明，尤识大体，不能不为保全。”“现在调榆，意在联络两方之感情，泯旧日之乖违。”“且弟与彼，昔为公敌，既能急公而不恤私交；今为同袍，必能念公义而不计旧憾，要为大局计也。”

可谓用心良苦！只是后来时局的走势，已非李根源所能掌控了。李根源最终没有能够保护张文光。

1914 年 1 月，在腾冲热海硫黄塘温泉，年仅 32 岁的张文光被刺杀。

1923 年 3 月，李根源、张问德等人发起修葺张文光墓。1984 年，张文光墓被列为腾冲县县级文物保护单位。1987 年，被列为云南省省级文物保护单位。1989 年，张文光被云南省人民政府追认为革命烈士。

推进边政

李根源深谙边疆地区的情况，对边疆管理素有研究，形成了较为系统的治边思想。他认为，边疆管理的核心问题是两个：一个是界务；一个是设治。与侵略成性的英帝国为邻，未定界悬案存在，总是授人以柄。边界一日不定，边疆一日不宁。设治则是边疆管理的核心，要建立行之有效的行政管理体制。

从片马回到腾越，李根源总结提出了管理滇西北边疆地区的方案，即《经营怒俅策》计划，但没有得到上级批准，未能实施。1912 年，李根源全权治理滇西，终于有机会实施自己的治边方略了。

李根源的治边活动，结合了滇西、滇西北边疆地区的具体情况，按不同类别、不同措施来实施。

一是沿袭清朝的道府厅州县行政建制和军制，选拔、任用军政官员。

委任黄彝为楚雄知府，秦恩述为大理知府，姚春魁为丽江知府，舒嘉犹为永北直隶厅知事，朱廷铨为蒙化直隶厅知事，丁彦为鹤丽镇总兵，姜德兴为维西协副统，张文兴为云南都协统兼腾越镇总兵，后又任云南提督，彭蓂为永昌统领，由云龙为永昌知府，黄谦任腾冲知府，李学诗为顺云协副将兼统顺云各军，张汉皋为顺宁知府。保证了政令、军令统一，上下贯通。

批准清朝楚雄知府、满族人崇谦，改姓黄，取同为黄帝子孙之义，落籍楚雄，奖给500两白银，划给一块地，自立谋生。

二是在滇西北边疆地区，武力拓边设治，强化管理。

派管带李遇顺为正委员，带兵百名，出腾越县的明光、古勇，分头进入恩梅开江、迈立开江、大金沙江流域，慰问、安抚各寨头人，使他们诚心向内，安分谋生，

成立筹办边务委员，第7联中队长任宗熙任委员长，第7联中队长、前湾甸土司代办景绍武、何远泽为副委员长，准备带兵前往恩梅开江、迈立开江流域，逐寨抚绥，考察情形，筹办一切。

成立筹办怒俅边务局，姚春魁任总办，统管筹办边务委员，石登、阿墩子弹压委员，鲁掌、卯照、登梗、老窝、六库、兰州土司及维西、中甸所辖各委职。组建500兵力的殖边队，筹集了11万资金，作为兴办边地商业实业的基本金，5年为限，只准用息，不得亏本。

1912年4月，任宗熙带第1殖边队为中路，自富川出发，进驻知子罗、上帕；景绍武带第2殖边队为南路，自菟峨出发，进驻碧江下段；何远泽带第3殖边队为北路，自维西岩瓦出发，进驻菖蒲桶。殖边队平定了叛乱，沿怒

江自北而南，建立菖蒲桶、上帕、知子罗殖边委员公署及泸水县，首次在怒江地区建立县级行政机构。

怒江地区的新政权，实行“开笼放雀”政策，解放家庭奴隶，推毁了家长奴隶制；开办初级市场、店铺，引进先进的生产技术和工具；兴办学校，传授科学文化知识，移风易俗，促进了怒江地区政治、经济、文化的发展与进步。

三是在土司区设治，实行土流两种政权并立的双轨制。

李根源对土司制度并没有好感，1911 年 3 月，李根源考察片马期间，回到南甸，报请上级批准，将南甸营从南甸土司区内划出，归入远在 35 千米外的腾越县城管辖。因腾越县城有八个保，南甸营划为第九保，从此，南甸营改称九保。但南甸营的户遮巷（傣语“拥护土司的村寨”）是傣族，仍归南甸土司管辖。

但是，从国家战略层面上考虑，他没有低估土司制度的作用，也知道把握对土司制度约束的力度和程度。

土司们软拖硬抗，一致要求暂缓改土归流。李根源经与蔡锷、唐继尧电议后，对政策做了调整，改为土流并治，在土司区内设立弹压委员公署。

1912 年 3 月，将腾越厅升级为腾冲府，领腾越县及干崖弹压委员，盏达弹压委员（兼管户撒、腊撒），陇川弹压委员，猛卯、遮放弹压委员，芒市、猛板弹压委员等 5 行政区，为县级别。5 委员公署与 10 土司政权并立，实行土流并治体制。

四是调整行政建制，完善机构设置。

废除兰州土舍，设兰坪巡检，归属丽江县。废除云南县（祥云县）12关土司。增设了弥渡县、漾濞县。将保山县所属的鲁掌、卯照、登梗3土司，云龙州所属老窝、六库2土司，合建泸水县。龙陵厅潞江土司的司法权收归厅管理，设潞江巡检就近审理司法。南甸土司的司法权收归腾冲府，设腾越县八撮县佐。永昌府经历，移驻蛮因，称十五喧经历。永康州勐朗巡检，移到麻栗坝。缅宁巡检，移到六屯。永平县典史，改设龙街巡检。广通县典史，改设舍资巡检。镇南州（南华县）吏目改为沙桥巡检。云龙州吏目改为漕涧巡检。

五是安民告示，休养生息，促进地方经济的发展。

1911年，李根源在《西巡告示》通告滇西社会各界人士：

率师入滇西边疆地区的目的是“保卫桑梓，维持治安”。劝说民众安于生产，“切勿轻适异国”。希望不法之徒，就此收敛，改过洗心，则既往不追，再犯必究。希望父老乡亲建言献策，兴办地方事务。规定少数民族地方，要用民族语言告谕。

1912年，李根源在《告示腾越父老子弟》通告：

“自出示之日始，所有此次拟派各捐，着即一律停止，以苏民困。各绅商民已缴各款，并候核明数目，禀请军都督府核议，分别发给国债票。”

组织修筑了楚雄至下关、金牛屯至曲硐的大路。创办腾永实业公司，带动地方经济发展。

六是移风易俗，兴办文教，促进边疆地区文化事业的发展。

李根源认为民间城隍庙香火旺盛，是一种不好的风气，牛鬼蛇神诸变相，受到顶礼崇拜，而有功于地方的贤达之士，却得不到颂扬。神权发达，人事废弛。于1912年下达《通令各道府厅州县改城隍庙为乡贤祠文》，限10日之内，毁掉城隍庙匾额、偶像，改为乡贤祠，供奉先贤，倡导新风。如已有乡贤祠，则改作学堂。令永昌知府由云龙将城内的万寿亭旧基，改建杨振鸿祠，将辛亥革命英烈彭蓂、秦力山、王养石，附祀于左右。另建设了腾冲明贤崇报祠、刘邓二公祠，顺宁龚尚书祠，楚雄杨文烈公祠，禄丰王文毅公祠，永平张忠烈公祠，博南山永国祠，大理大石庵、三公祠、大理永昌乡贤祠等等，万古千秋，铭记英烈。

创办大理模范中学，资助20余位青年赴日本留学。滇西地区，教育之风兴盛，人才辈出。

自1911年12月2日，从昆明带病率军赶往滇西，至1912年8月，回到昆明，治边历时9个月。

李根源大胆进入有充分证据、确为中国领土的地区，宣示中国主权，需要有赤诚的爱国之心，不畏冲突的坚强勇气，敢冒风险、敢于担当的责任意识。近代中国治边，就是缺乏这样的政治家和实干家。因此，李根源是近代中国治边的一面旗帜。他的治边活动是近代中国一次规模较大，意义重大，影响深远的治边活动。

另外，早在1912年，李根源就已经在滇西边疆地区率先进行了比较全面、系统的地方行政建制改革了，李根源的创新精神和政治能力，着实让人敬佩！

襄战滇西

1942 年 5 月 24 日，一队 4 辆车组成的车队出昆明，向西急驰而去，第一辆为福特轿车，牌号国滇 2023，第二辆为雪弗兰轿车，从义生商号借用；第三辆、第四辆为卡车，乘坐第 11 集团军的卫兵。车队的目的地是滇西抗战前线重镇保山县。

保山城在 5 月 4 日、5 日，连遭 94 架日机轰炸，日机还投放了大量细菌弹。5 月 4 日恰逢保山县城赶街，加上逃难回国的华侨万余人，人员密集，突遇轰炸，伤亡惨重。两日里，被炸死万余人，约占县城人口的一半；毁坏房屋 3267 间。驻防的滇缅公路警备司令、步兵第 6 旅旅长龙奎垣部未对日机进行打击，反而于 5 日晚趁火抢劫。龙奎垣把抢来的黄金、白银及大烟土，运往昆明、贵阳、成都倒卖，大发国难财。

急驰的车队中，第一辆福特轿车上，坐着一位老者，身材高大，须发苍白，黑黑的脸上，泛着铁青。眼睛一直盯着前方的路，目光锐利，但两眉紧锁着，身体似乎不大好，只是一路强忍着，又像是有很重的心事。

老者一路无语。

老者显然是一位有分量的大人物，因为同车的人都因他的心情而屏息，生怕打扰了他，招致不快。

他就是李根源，时年63岁，云贵监察使、国策顾问、云南省政府顾问。

他要赶往滇西前线，襄助抗战。没有人命令他去，相反，是他一再打报告要去，蒋介石劝阻他，说："印老，您年纪大了，还是在后方吧！"

李根源又上书说，年纪大了，才可以倚老卖老，到前线去动员民众，支持抗战。而且，前线军官都认识他、尊敬他，工作方便。

蒋介石感于他的爱国忠心，同意了，亲笔书写了"剑南忠责"的条幅赠送。为他配备了23名随行人员，60名卫兵，还有医务人员。

工作人员都知道他的一个习惯，所以，提前准备好了许多滇币银圆，叫半开，一个5角，用箩筐装着，放在车上，沿途碰上要饭的，就每人给一个半开。老百姓很喜欢他，一看到他的车，就高兴地围上来，等着领钱。

李根源说，老百姓太苦了，给点钱，减轻不了他们的多少苦，但是，表示个心意，让他们心中有一点温暖。

这次滇西襄战，是沉寂多年的李根源，又一次惊人地亮相，仔细想想，又合情合理，合乎他的人生信念：爱国爱乡至上。

李根源倦于民国政坛的争斗，已经在苏州隐居了17年。

1937年11月15日，日军进攻苏州，李根源逃难到南京，辗转汉口、长沙、迪化（乌鲁木齐）、西安、昆明、腾冲，于1939年6月4日，回昆明，就任云贵监察使。

1939年国民政府监察院院长于右任举李根源任云贵监察使

云贵监察使只是一个闲职，李根源主要是在云南积极宣传抗战，组织编纂大型资料汇编《永昌府文征》。

日军的炮火，把李根源推到了滇西前线。

为截断中国唯一的陆上国际交通线滇缅公路，迫使中国屈服。日军于1942年3月8日，攻占缅甸首都仰光。中国远征军10万大军，入缅作战，结果损失过半，失败了。

4月，日军兵分三路，向缅北快速推进，直指中国。东路日军56师团，于5月3日，攻陷中国边境小城畹町。4日，占领龙陵。10日，占领腾冲。5日至8日，惠通桥阻击战，中国军队把日军阻止在怒江西岸，隔怒江对峙。

国民政府恐慌了，一些要员认为怒江守不住，澜沧江也守不住，提出建西昌至祥云县的“西祥防线”，以金沙江为防线，势必使滇西大片国土置于日军铁蹄之下。国民政府甚至设计一个议案，如果“西祥防线”守不住，就到印度新德里建流亡政府。

李根源看到家乡沦陷，又听到国民政府要放弃怒江，非常着急。他知道怒江的战略意义，怒江不保，澜沧江也守不住，大理、昆明也保不了，抗战陪都重庆危险，事关中国的抗战大局。

李根源反复向蒋介石说明稳住怒江防线的重要性，坚持滇西抗战的重要意义。

蒋介石权衡后，决定还是守住怒江防线，调 20 万大军防守。

中国的战略决策已定，接下来就是组织实施了。李根源急于要赶到保山，就是要尽快地投入到组织实施滇西抗战的工作中。

李根源的车队经过 3 天的行程，于 1942 年 5 月 27 日，到达保山。第 11 集团军总司令宋希濂、参谋长肖毅肃、工兵司令马崇六等到保山城外 12 千米处的板桥镇迎接。

李根源在保山运筹帷幄，为滇西抗战做出了巨大贡献。

一是以他的影响力和见识，力主中国坚守怒江防线的战略部署，并最终形成了中国最高领导层到普通军民的共识，阻止了日军的进一步侵略，稳住了滇西战场，稳定了中国的西南边防，为日后滇西反攻打下了基础。滇西抗战的胜利，为扭转中国抗日战争、太平洋战争的战局，发挥了重大作用。

二是积极宣传抗战，动员滇西军民积极抗战，坚定滇西军民的抗战信念。

抗战时期，李根源与中国远征军十二集团军第二军军长王凌云合影

6月5日、6月6日，李根源参加了保山县金鸡村的军民大会，驻军首长、地方官员及群众300多人参加。李根源发表重要讲话，其中引用了破竹子的道理，竹子疙瘩一破，就节节难保了，鼓励大家要像竹子疙瘩一样，紧密团结，顽强顶住，坚持抗战，不让日军攻破。发动民众组织自卫队，维护地方治安。

李根源发表了著名的《告滇西父老书》，产生了积极、广泛的影响。

李根源疾呼："云南已成战区，滇区即是前线。保卫云南，须先保卫滇西，而保卫滇西，须先扼住潞江（怒江），保住保山。我们一千七百余万云南民众，立刻要发挥保省即是卫国的精神。尤其是我们滇西的广大民众，更应该强化保乡即是保省保国的战斗意志，服从军政长官的指示，推进军民合作的工作，戮力同心，协同作战。我滇西父老，要知道滇西握有天时、地利、人和的一切作战条件，都是对我有利的。然而军事的胜利，全靠民众的协助，有良好军纪的军队，配合着有训练有组织的

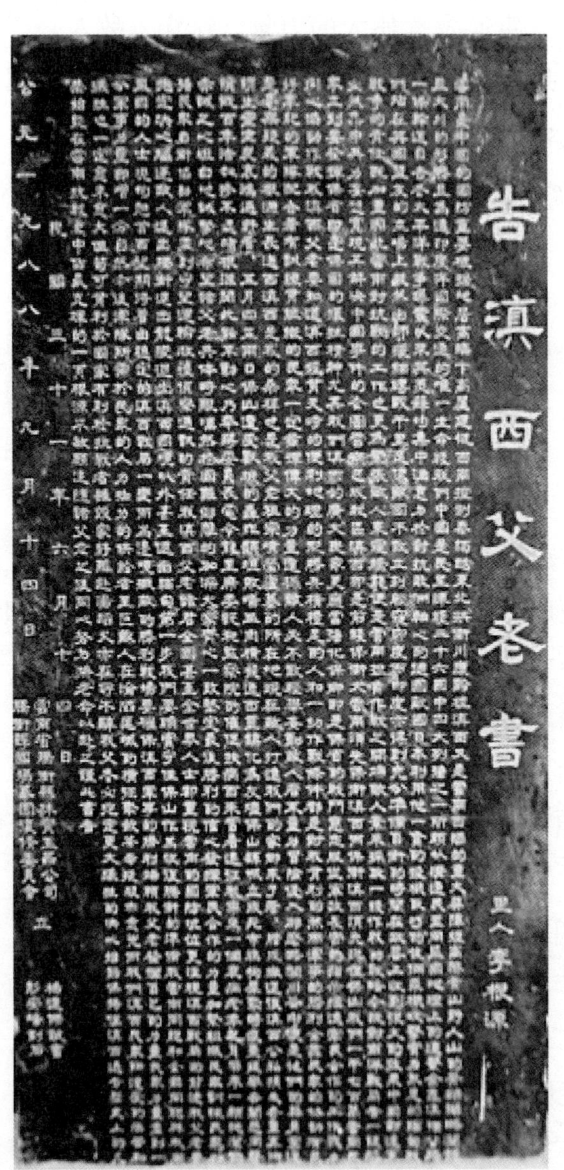
告滇西父老書

里人李根源

李根源所写《告滇西父老书》

民众，一定能发挥伟大的力量。这样，敌人必不敢轻举妄动。敌人若不量力，冒险侵入，那么，潞、澜川谷中，便是他们的葬身窟。”

三是慰问滇西边疆地区的土司，坚定他们的爱国信念。

土司在滇西边疆地区历史悠久，影响力强，在滇西抗战中是一支不可小视的力量。李根源认为土司总体上是爱国的，但要防止敌人挑拨利诱，附敌叛国。他将《告滇西父老书》遍寄各土司，与宋希濂联名请准，派李根源的妹夫尹明德，深入边疆地区，慰问了潞江、南甸、干崖、盏达、户撒、腊撒、鲁掌、登梗、六库等土司，在遮岛会见了陇川、芒市土司的代表，颁给蒋介石电文、照片及函件、委令。李根源与宋希濂联衔书赠“为国干城”匾额及诗一轴。各地土司纷纷表示爱国，绝不附敌。

蒋介石很高兴，表扬说：“边民内向，土司归诚，实施组训，协助抗战，此皆先生德望所感，抚怀得宜所致。”

四是李根源自己坚守保山，鼓舞士气。

李根源在《告滇西父老书》中表述了自己的爱乡情怀：“根源生长腾冲，滇西是我的桑梓，也是我父老祖宗坟茔庐墓的所在地。”

“根源不敏，愿追随诸父老之后，同心努力，拼老命以赴之。”

“但苟可有利于国家民族，有利于抗战者，虽毁家纾难，赴汤蹈火，亦在所不辞。”

李根源一到保山，就忙着慰问难民，亲自在路上指挥疏导难民，教育他们听从疏导安排；教育公职人员，要求坚守岗位，维持秩序，不要逃跑。

6月2日晚，日军偷渡怒江，形势危急，参谋团团长林蔚，派副官冒雨送信到龙王塘，请李根源转移到大理。李根源坚决不走，誓与保山共存亡，并表示，如果保山失守，就跳龙王塘殉职。

李根源的女婿杨毓华是腾冲大同医院院长，兼县立医院院长，在腾冲龙口被日军杀害，年仅30岁。蒋介石专门发来唁电慰问。

五是协调军民关系，团结抗战。

李根源参与高级军事会议，研究对日作战，勉励守军积极作战。对一些民愤极大的扰民溃军将领，如龙奎垣，他上书给蒋介石、龙云，给予正法。对保山热带病流行，李根源与宋希濂立即组织部队，为民众打防疫针，帮助民众打扫卫生，终于控制了疫情。积极为大轰炸后的保山灾民，争取到了45万元赈款及一批药品，缓解了民众的一些困难。组织民众公祭抗战名将戴安澜将军，动员、组织民众，拥护抗日军队，支持抗战。

7月3日，李根源离开保山，回大理，在三塔寺前的营房举办“滇西战时干部训练团”，办了2期，共培训抗战骨干7000余人。创办了《滇西日报》，积极宣传抗战。

1943年3月，应蒋介石电召，李根源到重庆述职，留住重庆近两年。

政坛争斗苦奔波

宦海无边，回头是岸。

国会议员

1912 年 7 月，滇西出现一件大事，致使滇西政局出现重大变数，影响云南政局。

这件事情，就是李根源辞职。

1912 年 7 月 3 日，33 岁的李根源致电滇西各文武官吏“拟于七月初十日将第二师师长及西防国民军总司令官暨节制文武官吏衔名，一并裁撤”。届时李根源解职，官防印信，将派人交到省里，以后书札往来，不涉及公事，就不要叫官名了，应呼以名字。

7 月 10 日，李根源发布《解滇西总司令职通告》，正式宣布解职。

这期间，李根源身心放松，游览了滇西丽江、邓川、剑川、鹤庆、宾川的名胜古迹。与老师赵藩同登鸡足山，与虚云大师谈佛法。李根源诚心事佛，皈依了佛门，并与赵藩合纂《鸡足山补志》。

蔡锷派人来鸡足山催促李根源回省城，不同意他辞职。8 月，李根源回到昆明，蔡锷希望李根源出任民政长（省长），李坚辞不就。中国同盟会改组为国民党，李根源担任了国民党云南支部支部长。

一天深夜，蔡锷造访李根源，秘商云南省政领导的人选问题。

蔡锷询问，李走之后，云南省政的人选；蔡锷自己走后，云南省政的人选。

李根源推荐罗佩金任民政长。蔡锷离开云南后，主政云南的人选，他推荐谢汝翼、唐继尧。

蔡锷认为主政云南的人选，唐继尧可能更合适一些。

10月18日，是农历九月初九日，“重九起义”周年，昆明隆重庆祝。蔡锷、李根源率官员及各界代表数百人，聚会翠湖之畔的偕行社。当天，李根源离开了昆明，由滇越铁路乘火车到越南海防，乘轮船到香港，进入广州。

1913年1月1日，李根源到达上海，会见了众多名流，广交朋友。云南发来电报，通知李根源当选国会众议院议员。

李根源是云南军督都府二号人物，大权在握。治理滇西，功绩显著，口碑很好。为何不理蔡锷的一再挽留，执意离滇，去当国会议员呢？

有几种说法：

一是学者谢本书先生认为：在滇军入黔问题上，与蔡锷、唐继尧发生分歧，政见不合，不愿共事；入藏平叛没有得到中央批准，心中不痛快；治理滇西，杀人多，受到责备；喜爱文史研究。这种说法亦有道理，但是，放在李根源这个职业革命家、政治家身上，似乎不太妥帖。

二是1983年，与李根源同时代的老人、90岁的缪云台老先生说：“迨西事底定，先生毅然自动请求解除兵柄，盖其志趣更有大于此者，欲为国家谋求建立议会民主制度。”缪先生的说法，符合李根源后来的人生轨迹，但是，李根源何至于一定要自请解职呢？握有权柄，不是更能捍卫民主制度吗？

三是李根源自己呈现出来的一些信息，应该引起我们的注意。他认为：“且当军兴之际，一切多假便宜，大局既平，自有常制。军人而行政事，既蹈当世所忧；内外或畸重轻，尤贻前哲之戒。”他希望自己带头践行。这与缪老先生的说法吻合。

父亲李大茂差人送来家书，提出解滇西危局八第，主宽和行事。李根源认真反省，在鸡足山事佛顿悟，负疚于乡亲，决定离滇，另谋出路。

2月5日，李根源到北京。10日，大总统袁世凯召见。之后，做了几件事：委婉回拒了袁世凯给予的月薪800元的总统府高等顾问职位，代表云南，出席全国禁烟会议；回拒蔡锷邀请出任的“滇西镇守使”职；以同学之谊，应邀赴山西，调解国民党内部的纷争。

4月8日，国会两院会议正式召开，李根源被推举为国民党两院议员会主任。此时，3月20日被刺身亡的国民党代理理事长宋教仁案，真相已大白，是大总统袁世凯所为。孙中山、黄兴电召在北京的国民党要人去上海商议对策。李根源到上海后，主张声讨，但国民党内部意见不一，难以决策。

7月10日，李根源回到北京。

11月4日，袁世凯镇压了“二次革命”，借口国民党议员与宣布独立的原江西都督李烈钧密谋，下令解散国民党，撤销国民党议员的资格，通缉国民党的骨干成员，李根源也被通缉。李根源逃往天津、上海，随岑春煊去了广州。局势不稳，又乘船绕道澳门，去香港，住院治疗痢疾，忠于袁世凯的龙济光派了一批云南人，来香港找李根源，悬赏 10 万抓捕他。

李根源乘煤船，经台湾、厦门，到上海，逃到日本。11 月 20 日，进日本早稻田大学，学习政治经济。

1913 年 12 月，大理杨春魁起义，公开声明是奉孙文、李根源等命令，发动“二次革命”。云南都督唐继尧密报袁世凯，李根源再被通缉。其实，李根源并未参与谋划。

李根源没有加入孙中山的中华革命党，但仍留在东京，边学习，边编印云南地方志书、撰稿。

1914 年夏，第一次世界大战爆发，8 月，李根源等在东京发起成立了欧事研究会，主要成员有李烈钧、李根源、熊克武、钮永建、陈炯明、邹鲁、程潜、陈独秀、谷钟秀、张耀曾等，共 100 余人。宗旨是不分党界，集中人才，研究欧洲爆发第一次世界大战与中国革命的关系。

欧事研究会只是一个团体，并非政党。成员多为未参加中华革命党的国民党人，去了美国的黄兴，实际上成为欧事研究会的精神领袖。欧事研究会对孙中山取尊敬态度，依然维护孙中山的领袖地位，但事实上，仍在一定时期内造成了对立，形成革命势力的分裂状态。

李根源显现了他的组织、领导才能，成为欧事研究会的组织者和实际负责人。

1915年初，李根源患眼疾，在日本3次住院，2个月后才痊愈。因国内政局演变，李根源又回到孙中山的旗帜下，进行反对“二十一条”，反对袁世凯复辟帝制的革命斗争。10月10日，李根源结束了早稻田大学第二学年的考试，第2天就中断学业，与程潜、钮惕生、熊克武、冷遹、陈独秀、林隐青、章陶严等先后回到上海、香港，策划反袁。

李根源积极活动，成绩不小。李烈钧过香港时，李根源把筹集的百余箱现洋，交给他带去云南，有力支持了云南的护国战争。蔡锷11月逃出北京，转道日本、中国香港、越南，准备回云南领导护国战争。12月上旬，蔡锷与戴戡、殷承瓛、韩凤楼过香港时，与李根源会见，李根源谈了云南武装反袁的准备工作，已具备反袁斗争的条件。蔡锷非常高兴，他对云南的情况不了解，原本只是计划为国家民族做孤注一掷，没有料到情况比想象的有利，信心满满地赶往云南去了。

护国战争中，李根源没有带兵打仗，而是在香港做策应工作。护国第1军总司令蔡锷委任李根源为护国第1军驻港专员。护国军云南都督府都督兼第3军总司令唐继尧，委任李根源为护国军云南都督府驻粤港代表。

1916年2月17日，忠于袁世凯的广东将军龙济光，收买了捕房人员，抓捕李根源。李根源侥幸从后门逃走，四处躲避。3月，转移到了澳门。4月初，迫于形势压力的广东将军龙济光宣布广东独立，倒身护国军阵营。龙济光又成了李根源的同志。李根源与龙济光同为云南人，李根源无兵，龙济光手握重兵，所以，翻手为云覆手为雨，唯眼前利益和个人利益为圭臬的军阀龙济光，把李根源这个老乡玩于股掌之上，李根源无可奈何。

5月8日，独立各省在广东肇庆成立护国军军务院，抚军长唐继尧，抚军副长岑春煊（代行抚军长职权），抚军兼政务委员长梁启超，抚军刘显世、陆荣廷、龙济光、蔡锷、李烈钧、陈炳焜、戴戡、罗佩金、吕公望、刘存厚、李鼎新，秘书长章士钊，外交专使唐绍仪，副使王宠惠、温宗尧。李根源任滇桂粤联军副都参谋兼摄都参谋。

当日午宴，龙济光指使统领胡令宣在宴会上骂李根源。晚上，唆使四五百人包围李根源住所，扬言要杀死李根源、梁启超。李、梁从后门逃走。

陕西省长

李根源在仕途上走红，是有贵人相助，不过，这位贵人，并不是国民党内的同志，而是一位非国民党人士，一位鼎鼎大名的人物。得到他的提携，李根源平步青云，成为地方大员——陕西省长。

他，就是中华民国大总统黎元洪。

1916年6月7日上午9时，副总统黎元洪依法继任大总统，段祺瑞任国务总理。恢复了国会。

7月29日，北京政府任命李根源为陕西省省长。李根源两次电辞，未获批准。10月4日，李根源离开肇庆。

在上海，看望了住院的黄兴，2次谒见孙中山。孙中山指示，联合陕西国民党人于右任、井勿幕、宋柏辰，团结斗争。过南京时，会见了冯国璋、齐耀琳。过徐州，会见了张勋。10月下旬，李根源抵达北京，在崇文门内羊肉胡同入住。

国会中原国民党议员，不讲党性，思想混乱，组织松散，政见分歧，形成众多的派别、团体，难以发挥重要作用。对副总统人选，吴景濂、张继、孙洪伊等多数人主张北洋军阀冯国璋，目的是联冯制段；李根源主张推出领袖黄兴或孙中山；钮永建主张西南军阀陆荣廷；此外，还有主张岑春煊、蔡锷、蔡元培等人。

意见不统一，决定先在党内议员中投票决定，作为本党的统一意见。结果，180多人投票，陆荣廷得到120多票，占绝对优势。支持冯国璋的人不干了，动手打架，砸坏的茶杯碎片，满地皆是。国民党议员无法统一意见。10月30日，国会参、众两院联合选举副总统，741人，冯国璋得520张票，当选副总统。

11月，国会内国民党议员中，因不满吴景濂等人无组织、无党纪，为冯国璋选副总统帮忙，便另行组建了一个团体，名称为"政学会"，开成立大会时，到会300余人。李根源是发起人之一。云南人张耀曾被推举为总会主席，谷钟秀、钮永建为副主席。

李根源要赴陕西就职了。1917年2月5日，北京的国民党本部设宴送别。7日，大总统黎元洪宴请饯行。

2月8日，李根源与井勿幕、龚维疆、卢铸等一行离开北京，一路西行，过开封，会见了河南督军赵倜、省长田文烈。过洛阳，会见北洋军师长张敬尧。15日，入潼关。经渭南、临潼，20日抵达西安。

西安行，一路顺利，地方军政大员热情款待，派兵护送。老百姓视为及时雨，投来诉状，请求做主，竟收了数百件诉状，及时处理了数十件。

古帝都西安城里，却冷风嗖嗖，寒彻周身，充满了杀气。

李根源已经卷入一个争权夺利的漩涡之中，即大总统黎元洪与国务院总理段祺瑞的“府院之争”。

原来，大总统黎元洪任用李根源，除两人投缘的个人因素外，更重要的还是想在皖系军阀控制的陕西省，打进一个楔子，牵制皖系，还可借此拉近与南方势力的关系，争取南方势力的支持。

段祺瑞则暗中授意皖系军阀干将、陕西督军陈树藩，反对李根源赴任。陈指使旅京的陕南老乡请愿、省议会致函大总统黎元洪，反对李根源来陕。陈树藩致电李根源，要求他带着中央政府欠陕西的军饷来。

经历了大风大雨，见过大世面的李根源，岂会被恫吓吓退？岂会知难而退？他做了准备，要实实在在地在陕西做些事情。

在北京，李根源研究了陕西的情况，争取到了财政部、国务院院务会议的支持，提供了资金及水利、铁路、教育项目。

到西安后，仅几天，李根源便在省参议会上宣布了

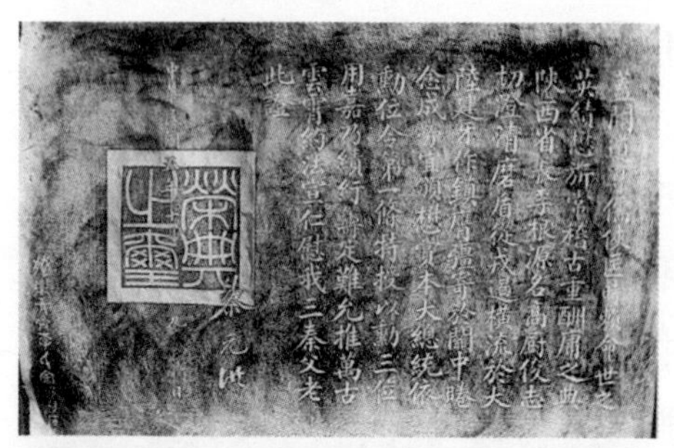

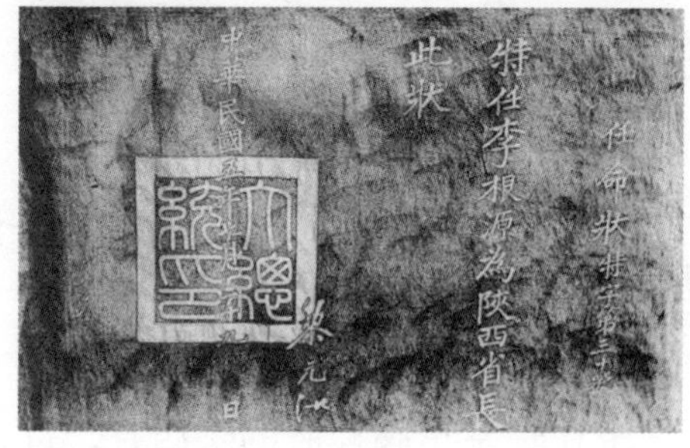

特任李根源為陝西省長

此狀

李根源任陕西省省长委任状

治陕政纲。《新编曲石文录》，收录了李根源这期间颁布的治陕措施，计有政令 18 份，布告 2 份，请示 3 份。内容包括：政治方面，恢复自治，增设监狱，慎重刑律；经济方面，禁烟，整顿税制，禁止买卖人口，提倡发展农林畜牧；文化方面，开办学校，兴办教育，收集、保护文物。其中，尤以收集、保护文物的措施居多，一方面是西安文物丰富，一方面是李根源的文化自觉。

然而，李根源在陕西自主主政的时间，不过 3 个月，他的"文治"理想难以实现。

因对德宣战问题，大总统黎元洪与国务院总理段祺瑞的矛盾激化。

"府院之争"中，李根源在陕西也经历了一场生死劫难。

5 月 31 日下午 5 时，陕西督军陈树藩派人来，请李根源到他那里。坐下后，陈树藩拿出一张皖系干将倪嗣冲、徐树铮声讨大总统黎元洪的电文，淡淡地说："李省长，签字吧！我们都赞同啊！”

李根源平静地说：“我不签，不能签！”

陈树藩从座位上欠起身，圆睁着眼，不快地说：“不签字，就枪毙，不留活口！”

李根源直起身子，毫不示弱地说：“跟你谋反，我不干，请枪毙！”

说完，立即就桌上的纸笔，记录下：“中华民国六年五月三十一日，督军团叛，陕西督军陈树藩从逆，省长李根源不屈，死之。”作为实录，留给后人。

陈树藩站了起来，睨视着李根源，狠狠地说：“何必激动，不要以为我不杀人！”

李根源站起来，厉声说：“正要请你杀！”

陈树藩一跺脚，恨恨地走出房间。

其他人赶紧上来，劝说李根源，与陈树藩立场一致。

李根源不吭一声。

过一会儿，陈树藩走进来，冷冷地说：“我一个人签，发出通电。你是中国的人才，我不能害你。其他事，有人来跟你谈。”说完，扬长而去，此时已是夜里12时了。

陈树藩的代表来，要求李根源交出省长印。

李根源高声叫道：“我的省长是大总统任命的，怎么可以把印随便交给别人！要叛就叛，要杀就杀，何必忸忸怩怩。把我枪毙了，陈树藩自己抢去用得了。”

半夜2点，还相持不下。井勿幕想了个办法，跟李根源说：“这种情况，你已经不能行使职权了，不如委任政务厅长李梦彪来代理省长，应对局面。”

李根源同意致电大总统、国务院代理总理请示，并下令政务厅长李梦彪代理省长。电文为：“今督军团叛变，不能行使职权，地方重要，省长职务暂委政务厅长李梦彪护理。”

郭希仁觉得“督军团叛变”，这几个字太刺眼，建议删掉。

李根源坚决地说：“不删！”

井勿幕改为：“感受时症颇重，不能治事。”

这样才发出去。天亮了，李根源被送回省长公署，监视起来。

6月6日，代理国务总理伍廷芳复电批准。李根源当即将省长印信，交给李梦彪。7日，李根源被送到西安土地庙街软禁，长达5个月。

陈树藩还几次前来，告之“府院之争”的进程，但不放李根源。

李根源的情况，在全国引起反响。各省大员陆荣廷、唐继尧、罗佩金、刘显世、谭延闿、莫荣新、赵又新、王文华、杨鼎臣等致电陈树藩，要求护送李根源离开陕西。陈树藩的部将郭坚、耿直支持李根源。陈树藩的父亲也责备陈树藩，保护李根源。

10月18日，陈树藩派1个骑兵连，护送李根源出陕西。25日，安全抵达北京。28日，李根源去天津看望下台的黎元洪。黎元洪非常感动，宴请李根源，还特地邀约了二三十个故交旧部作陪。

黎元洪动情地说："这次督军团叛乱，情况危急，京城内外长官中，听从命令，出面斗争，至死不渝的人，只有李省长一个人啊！"

驻粤滇军

东方不亮西方亮，黑了北方有南方。

李根源美好的政治前途，在南方显现了，晴空万里，大道光明。

这一次，向他招手的是西南地方实力派领袖岑春煊。

1917年7月17日，孙中山从上海乘海琛军舰到广州，发动了"护法运动"。宗旨是"拥护约法，恢复国会"。孙中山电邀北京的国会议员，南下广州，建立国家政权。海军总长程璧光，率第一舰队10艘军舰，到达广州。150余位国会议员来到广州，其中，政学会议员就达六七十人，留在北京的政学会议员仅剩30余人，形成一个有影响的政治派系。

因议员不足法定人数，8月25日至9月1日，在广州召开非常国会，选举孙中山为大元帅，陆荣廷、唐继尧为元帅。10日，正式成立中华民国护法军政府，与北京政府对峙。

岑春煊邀请李根源加盟护法军政府，是看中李根源在政学系和驻粤滇军中的影响力。两人私交甚笃，政治上很投缘。李根源年少时，岑春煊的父亲岑毓英曾任云贵总督，指挥过云南的中法战争，病逝于昆明总督岗位上，是李根源所敬佩的英雄人物。

护国战争时，李烈钧率云南护国军第2军张开儒第1梯团，方声涛第2梯团，于1916年2月20日，自昆明出发，由滇东南攻入广西、广东。11月，进入广东的护国军第2军，改称驻粤滇军，编为第3师，师长张开儒；第4师，师长方声涛。李烈钧迫于各方压力，辞去了护国军第2军总司令职。第3师师长张开儒，坚决支持孙中山，被孙中山任命为护法军政府陆军部长，深为桂系所忌恨。

1918年1月26日，李根源自北京南下，在上海、杭州游览。陆荣廷、莫荣新、李烈钧、方声涛、朱培德、杨益谦等来电催促。因老乡及老对手龙济光接受了段祺瑞"两广巡阅使"封号，从海南岛率2万兵力，分三路进攻广东。驻粤滇军缺统帅，缺粮饷，情况危急。

2月18日，李根源到广州，驻粤滇军士气大振，滇军军官推举李根源为驻粤滇军总司令。孙中山、伍廷芳、程璧光及非常国会，催促李根源立即就职，率兵迎战。尽管李根源一路走来，都在犹豫，还是于25日就任了。

3月，在李烈钧的统一指挥下，李根源率领驻粤滇军为主攻，桂军配合，终于击溃龙济光部。龙济光逃到北京，投奔段祺瑞。

4月，江西督军陈光远派吴鸿昌率3万兵力，偷越大庾岭，攻占广东南雄。张开儒仅有1个团驻守，不敌。广东督军莫荣新任命李根源为"粤赣湘边防军务督办"，驰援韶关，收复南雄，追上大庾岭，形成对峙。滇系、桂系乘机借南雄失守之事，清理门户。唐继尧任命郑开文为第3师师长，接替张开儒。郑开文未到前，暂由杨晋署理。莫荣新囚禁拒交军权的张开儒，枪杀第3师参谋长崔文藻。

此时，曾有结怨的李根源与唐继尧，也一度合好了，电文往来频繁，交换政治主张和谋略。唐继尧委任李根源为驻粤滇军第6军军长，兼领第4军指挥。

1918年5月4日，在政学系操纵下，非常国会到会议员80余人，以半数过4票的微弱优势，通过了《修正军政府组织法案》。孙中山于当天发表辞职通电。18日，非常国会通过《军政府组织法12条》，改大元帅制为政务总裁制。20日，非常国会选举唐绍仪、唐继尧、陆荣廷、伍廷芳、孙中山、林葆怿、岑春煊等7人为军政府政务总裁。推岑春煊为主席总裁。

护法军政府的内争，李根源不在前台，也没有得到显赫职位，但他手握重兵，其威慑力，却不容小视，成为改组军政府的“保镖”，被加封陆军上将衔，获一等文虎章。改组后的军政府，政学系势力大涨，成员中，岑春煊为军政府主席，冷遹为内务总长，章士钊、金兆棪为军政府秘书长，李根源为粤赣湘边防督办兼南诏镇守使，杨永泰为广东省财政厅厅长（后任省长），徐傅霖为大理院院长及广东高等审判厅厅长，钮永建为兵工厂总办。

政学系与桂系，实际控制了改组后的军政府。

李根源驻守韶关，控制着粤北15个县，通过钨矿、鸦片及各种税捐，财源广进，除满足军费外，也在实业、文教、道路、河渠、市政等方面做了一些实事。举办了2期韶州讲武堂，招收学员859人。韶州讲武堂培养了一批军事人才，使驻粤滇军及李根源的影响扩大了。

然而，好景不长。

桂系与滇系的利益争斗开始了，争夺的焦点就是驻粤滇军的控制权，表现为驻粤滇军统帅李烈钧与李根源的“二李之争”。

1919年6月，李根源统帅的驻粤滇军发展到14000余人，在驻粤各军中，兵力最多，实力比较强。李根源与桂系密切关系，有脱离滇系唐继尧、自成一体的趋势，让遥控驻粤滇军的唐继尧非常担心。两人又开始争斗起来。李根源升任李天保、朱培德为第3师、第4师师长，杨益谦为第20旅旅长，想牢牢控制部队。唐继尧的弟弟唐继虞到广东，拉拢驻粤滇军军官，李天保与唐继虞有接触，被李根源免去第3师师长职。唐继尧派郑开文来接任第3师师长，制约李根源。李根源却调郑开文任岭南道尹，调岭南道尹杨晋任第3师师长。

1920年2月10日，唐继尧通电，解除李根源军长职，改任滇军代表，撤销驻粤滇军司令部，驻粤滇军收归云南统辖，就近由军政府参谋部部长李烈钧指挥。李根源表面遵命解职，暗中却由亲信杨晋联络40余名滇军军官，通电挽留。桂系的广东督军兼军政府陆军总长莫荣新，通电挽留，声明驻粤滇军的军饷、军械都由广东供给，一向归广东督军管辖，只承认李根源有统率指挥权。

莫荣新通电，取消驻粤滇军2个师的番号，改为边防军，以团为单位。

驻粤滇军分家了，在李烈钧、李根源两个统帅之间选择。大多数官兵选择追随李烈钧。第4师师长朱培德，原是反对唐继尧，支持李根源的，后来觉得李根源对部属控制太严，不像李烈钧宽宏大度、遇事易处。13日，朱培德等宣布遵令服从李烈钧。只有十分之三四，跟随李根源。

24日，李烈钧借巡视之名，从广州率1000余名滇军秘密北上，准备与粤北的滇军杨益谦、鲁子材、盛荣超3个旅会合，对抗李根源部滇军。莫荣新调桂军与李根源滇军配合阻挡，双方在粤北江口、南雄、阳山、连县等地激战，互有伤亡。

滇系、桂系互相指责，准备开战。岑春煊对军政府的处境，深感忧虑，反复进行调处，提出了一个解决方案：李烈钧部滇军移师湖南，李根源部滇军移驻海南岛。双方最终同意接受了。桂系支持李根源部滇军回滇驱逐唐继尧，李根源拒绝了。

4月，李根源部滇军退入海南岛，改称“海疆军”，编为3个独立旅、1个独立团、1个炮团。几个月后，扩充到13000人。李根源任广东海疆防务督办兼雷琼镇守使，设立了黎疆拓殖局，筹办交通、垦荒、种植事务；筹建港口，发展航运；发展盐业生产。设立了琼州图书馆，修名人祠堂、故居，促进文化事业的发展。维修炮台，巩固海防。

8月，孙中山策动灭“桂贼”的粤桂战争爆发，孙中山扶持壮大的陈炯明粤军2万余人，自福建漳州起兵，攻入广东，进到河源、惠阳，威胁广州。桂军兵败，损失惨重。22日，岑春煊为首的军政府，急调李根源的“海疆军”渡海参战，在河源大败粤军，但扭转不了战局。

10月26日，桂系的广东督军兼军政府陆军总长莫荣新，逃离广州。桂系全部退回广西，结束了对广东近5年的统治。

李根源的“海疆军”迅速溃败，退回广州。李根源委托参谋长张鉴桂接管残军，自己与岑春煊逃亡香港避难。政学会于8月20日，宣布解散。

“海疆军”将领张鉴桂、梁说，将声名狼藉的“海疆军”，改称“护法滇军”，迎回获释的张开儒。10月30日，张开儒就任“护法滇军”总司令，与陈炯明等交涉，但被陈炯明缴械，编遣。

驻粤滇军远离本土，孤悬省外，统辖指挥、军官任用、兵源等受制于云南省，但军饷却无着落，需要自筹，只能寄食于广东，依赖桂系军阀，缺乏可靠的根据地，基础不稳。夹杂于孙中山、桂系、滇系、政学系等多种政治、军事势力之间，无所适从。各派势力之间的矛盾和争斗，必然会影响驻粤滇军，引起驻粤滇军内部的分化、分裂，瓦解驻粤滇军的战斗力。

代理总理

1922年4月，第一次直奉战争，直系军阀取得胜利，控制了北京政府。直系军阀头子曹锟图谋大总统宝座，吴佩孚则力图武力统一中国，在政治上打出了“恢复法统”的旗号，直系军阀将领联名通电全国，要求恢复旧国会，请黎元洪复大总统职位。在全国引起了极大的反响。直系军阀的目的，是借“恢复法统”，使孙中山的护法失去合法性，打击南方各省的“联治”，赶走大总统徐世昌。

6月1日，旧国会议员150余人云集天津，宣布国会“恢复”。2日，大总统徐世昌通电辞职。黎元洪提出复职的条件是“废督裁兵”，曹锟、吴佩孚满口答应。11日，黎元洪到北京，代行大总统职权。13日，代大总统黎元洪下令撤销1917年6月6日“解散国会令”，恢复了“法统”。

黎元洪入京前，派胡瑛南下上海、苏州，请章太炎、谢镜虚、李根源到京，协助政务。

黎元洪以陕西省长或甘肃省长，询问李根源的意见。李根源属意甘肃省长，不料，两个职位，直系均有安排的人选。9月26日，黎元洪任命李根源为航空督办。11月29日，汪大燮署理国务总理，任命李根源为农商总长。1923年1月25日，黎元洪正式任命李根源为农商部长。是年，李根源44岁。

李根源成立了“修订农商法规委员会”，修订并公布了一批法规，其中《商标法》，还引来各国公使的抗议，李根源坚持实行，但是，走马灯似的内阁变换，动荡的政局，无暇贯彻实施。

李根源主持成立了中国第一个地质调查所——中国地质学会，为中国地质事业的发展做出了贡献。

这期间，李根源终于与孙中山恢复了联系，对抗直系。

黎元洪与直系的争斗，不可避免。李根源卷入争斗，也不可避免。

李根源不满政治乱象，又无能为力，几次提出辞呈，未获准。5月18日，母亲病重，得以请假回苏州。黎元洪5次电催，于6月4日返京，6日起，住在黎宅内，与拥黎骨干张耀曾、谷钟秀、李肇甫、殷铸夫、王吉元、王有兰、金兆棪、李克明、赵伸、文群、褚辅成、彭养亮、焦易堂、王用宾、吕占东、邹鲁、程砚秋等，共同应对危局。

任命狀
特任李根源為農商總長
此狀

李根源任农商总长委任状

任命狀
特任農商總長李根
源兼署國務總理此
狀

李根源任国务总理委任状

6月13日晨，黎元洪任命李根源兼署国务总理，依法副署大总统令。当天，署国务总理李根源，共副署了7件大总统任免令。但7件政令，遭到印铸局长张国淦拒印，只好带去天津印行，仅少数报纸做了登载。下午1时20分，黎元洪一行租专车逃往天津，收大总统印信大小15颗，藏于东交民巷法国医院内。曹党未搜索到大总统印信，急电直隶省长王承斌，在天津车站扣留黎元洪。黎元洪拒绝回答。第2天，黎元洪才被迫配合，说出大总统印信的去处，又向国会辞职，由国务院摄行总统职权，内务总长高凌霨代理国务总理，在三份电稿上签字，才得以出车站。

1923年6月任国务总理时的李根源

待黎元洪动身后，李根源乘火车去了天津。李根源代理国务总理仅七八小时，不到10小时，宽算也就1天。

11月18日，李根源送走黎元洪后，回苏州。孙中山、张作霖、赵恒惕、卢永祥，分别邀请赴粤、奉、湘、浙，李根源均谢绝了，只担任了苏州振华女校校董。

1924年9月，第二次直奉战争爆发。10月23日晚，直系将领冯玉祥、胡景翼、孙岳，发动"北京政变"，囚禁大总统曹锟，逼迫曹下令停战，直系大败。

11月13日，孙中山应冯玉祥的邀请，带病由广州启程。17日，到上海。李根源与弟弟李根沄前往谒见孙中山。孙中山表扬李根沄在陈炯明叛变时的救援之功。22日，孙中山乘轮船自日本，转回天津，因病住于张园。在天津的李根源与黎元洪、冷遹、赵伸，两次去看望孙中山。12月31日，孙中山到北京后，李根源又多次看望孙中山。

李根源拒绝了段祺瑞以农商总长、善后会议委员的安排。

1925年1月25日，李根源应河南军务督办兼省长胡景翼邀请，北上开封。胡景翼专门在开封设了5处招待所，广邀国民党人、中国共产党人及苏联友人，到开封协助他，开创中州的新局面。到达的国民党人达四五十人，苏联友人达10多人，共产党人李大钊、王若飞等也曾到开封游览。

胡景翼曾建议由李根源任河南省长或郑州商埠督办，在了解了李根源不愿接受段祺瑞的任命后，也就作罢了。

3月21日，孙中山在北京逝世，李根源被推举为孙中山丧事筹备员之一，却因豫西战争，没有上北京。

2月，豫西战争爆发。因1924年年底，国民军胡景翼第2军进入河南，大败吴佩孚，陕西督军刘镇华派师长阚玉昆，带兵进入河南，抢地盘。双方开战。胡景翼委托李根源代理河南督军署事务。

李根源设计、散布国民军攻占洛阳的消息，振作士气，稳住了奉系。3月13日，国民军攻下洛阳。阚玉昆兵败自杀，刘镇华逃走。4月10日，胡景翼因左臂疔疮，做手术时，施麻药过量，不幸逝世。

李根源送胡景翼灵柩回陕西，然后南下，在武汉、南京停留，受到官绅商各界盛情款待。

6月25日，李根源回到苏州家中，退出政界，隐居10余年，陶醉于文化艺术之中。

归隐苏州做学问

失之东隅，收之桑榆。

文物寻踪

李根源一生的活动，自然是以军政活动为人们所瞩目，不过，当他所历经的宦海风云退去，军事硝烟散尽，呈现在人们面前的，却是一个文化人的形象：饱学之士，著述等身。

归隐苏州后，李根源潜心于文史研究，热衷于文化推介活动。

其中，最著名的文化活动之一，就是轰动一时的国学大师章太炎的苏州讲学。

李根源与章太炎，可谓志投意和。两人相识很早。早年留学日本时，李根源邀约罗佩金，前去拜见大名鼎鼎的章太炎。章因《苏报》案，在上海被捕入狱，坐牢3年。出狱后，到了日本东京，担任中国同盟会机关报《民报》的主编，还是光复会的会长，是中国资产阶级民主革命的革命家、思想家。

李根源在1917年“府院之争”、1920年广东护法军政府解散、1923年曹锟贿选总统等重大事件中的突出表现，给章太炎留下了深刻印象，章主动致信问候，约见李根源，两人的友谊愈深。1924年初，缔结金兰之交，往来愈密切。

1932年秋，应金松岑邀请，章太炎来苏州讲学，反响热烈，一时少长咸集，群贤毕至。李根源、张一麐建议设立一个讲学组织，从事专门的组织、管理工作。1933年，在苏州成立“国学会”，李根源被推举为主任干事。章太炎也在苏州购屋，于1934年秋，举家自上海迁移苏州，定居，讲学。

1935年6月，李根源（左）与国学大师章太炎合影于苏州

1935年9月，“章氏国学讲习会”在苏州成立，创立半月刊《制言》，作为会刊，章太炎任主编。章太炎为主讲，王小徐、蒋竹庄、沈瓞民等为特别讲师，开讲经学、史学、诸子、小学等，各省慕名来苏州求学的人，竟达500余人，造就了不少文字、音韵、训诂等方面的国学大家。

李根源的儿子李希泌，成为章太炎的关门弟子。

1936年6月14日，章太炎病逝于苏州寓所，因战事临近，时局不稳，灵柩暂厝章园防空洞中。1937年，著名画家张善子、张大千兄弟，为章太炎画像，马相伯题写了唐代诗人陈子昂的《登幽州台歌》：“前不见古人，后不见来者。念天地之悠悠，独怆然而涕下。”李根源请苏州集宝斋刻成碑。抗战胜利后，立于章园。1955年4月，章太炎灵柩移葬于杭州西湖南屏山下。碑刻仍留章园，建衣冠冢，以存纪念。

1935 年，章太炎书赠李根源："以直报怨，以德报德，治世之能臣，乱世之奸雄。"落款为"此语唯印泉副之"

苏州是历史文化名城，名士荟萃，文物古迹众多。

李根源徜徉于这座巨大的历史文化宝库之中，乐此不疲，勤奋发掘，精心考据，重现真实的历史，弘扬传统文化，提炼传统文化的营养，滋润民族精神。

李根源参加了苏州文化名人组织"九九消寒会"，吟诗唱和，以文会友。与前清探花、吴中保墓会会长吴荫培最为投机，积极从事古墓的探寻与保护工作。

苏州地区，水网密布，交通以舟楫最为便利，李根源专门买了一条船，目的是走水路，去探寻苏州的名胜古迹。清晨，乘船出发，到目的地，登陆步行，进行田野调查。晚上，回到船上，在船舱中，点着油灯，整理记录资料，编写游记。饮食无规律，有时还要在农家借宿。历时 3 个月，游遍了吴县的山山水水，对吴县的名山、寺院、古墓，了如指掌，如数家珍。

在调查研究的基础上，李根源编写完成了《吴郡西山访古记》5 卷（附《镇扬游记》1 卷），1926 年由上海泰东图书局铅印问世。其中，前 4 卷为游历吴郡西山记；第 5 卷为《虎阜金石经眼录》，著录虎丘明清墓志 36 石刻；《镇扬游记》为游览镇江、扬州记。

一大批历史名人的墓，引起了人们的关注。他们是朱桓、顾野王、钱元璙、范氏三大师、韩世忠、魏了翁、徐有贞、韩雍、唐寅、文徵明、赵宧光、申时行、王锡爵、文震孟、董其昌、徐如珂、周顺昌、徐汧、徐枋、杨廷枢、朱用纯、吴伟业、金人瑞、尤侗、何焯、沈德潜、王鸣盛、惠周惕 、惠士奇、惠栋、毕沅、彭绍升、钱棨、顾莼、黄丕烈、王芑荪、李鸿裔、潘钟瑞、郑文倬、弘储、苍雪、觉阿等四五十人。由他们的墓，联想到他们的生平事迹，引导人们追思、缅怀。

《吴郡西山访古记》，记录了吴县的古墓葬、古建筑等文物，也涉及 20 世纪 20 年代吴县农村的真实情况，是难得的第一手资料。所以，一经出版，便受到重视，学术界人士评价甚高。张一麐在序言中，称赞李根源“滇南奇杰”。金天羽在序言中，称赞李根源“以是胸中掌故，比吴郡诸老宿尤为翔实”。

《吴郡西山访古记》，为民国时期《吴县志》的编纂，提供了丰富的史料。李根源参加了《吴县志》的编纂工作。1931 年，总纂吴荫培去世，张一麐为编纂委员会主席，李根源、王謇等为委员。1933 年编成《吴县志》40 分册。

这一时期，李根源还搜集到了珍贵的 4 种孤本：《滇略》20 卷，《吴都乘法》30 卷，《穹窿山志》6 卷，《横山志》6 卷。将搜集到的 5000 余种碑拓，汇编成《曲石庐藏碑目》4 册。新搜集的碑拓《宋仁宗摩迦陀建塔记》《阊门瓮城碑铭》《阖闾幽宫题记》《腾越宝峰寺碑记》等，装成轴。

李根源接任了吴荫培的保墓会会长的工作。在为逝世的母亲寻找墓地时，李根源在《木渎小志》中，了解了一条历史线索：三国时期东吴名相顾雍的墓，在穹窿山坞。李根源决定先找顾雍墓。一番辛苦之后，还真找到了。先做修葺，然后带领顾氏后裔及乡亲，举行隆重的祭祀。李根源虔诚叩首的样子，令人动容。最后，李根源才安葬了母亲。

李根源能够在文物古迹方面取得突出的成就，源于他青少年时期的优良教育，使他具备了优良的文史修养，培养了浓厚的兴趣爱好，养成了勤于思考、勤于著作的治学习惯。

20 岁时，父亲指导他修订了《叠水河李氏支谱》。考察片马期间，编写了《九保沿革记》《九保城区图》《经营怒俅策》《滇西兵要界务图》《滇西兵要界务图注》。辛亥革命后，治理滇西地区时，与赵藩合编《鸡足山志补》4 卷。驻守韶关时，刻印了《憨山大师遗诗》《孙少元帅经史杂钞》《曾胡治兵语录》《焦尾成集》。应胡景翼之邀，到河南时，与河南图书馆合作完成了《河南图书馆藏石目》。

李根源对文物怀有浓厚的兴趣，有着精深的研究，成了文物专家。凡主政过的地方，李根源均颁布过维修、保护文物的政令。

李根源还喜爱收集文物实物，使许多珍贵文物得以流传至今。20 世纪 30 年代，因战争频繁，时局混乱，古都洛阳盗墓成风，出土了大批珍贵文物。李根源专程到洛阳，收购唐代的墓志石刻，其中还收购到唐代著名诗人王之涣的墓志，尤为珍贵。文物总重量达 10 吨，租用了一节火车皮拉回苏州，专门建“曲石精庐”，予以妥善保存。苏州沦陷前，雇工运到小王山，沉入关帝庙前的池塘中，得以保存下来。

李根源收藏古物，并非为奇货可居、待价而沽，以获取暴利。他希望文物能够得到最妥善的保护，发挥出最大的价值。遇到合适的人，他毫不犹豫地割让，以成人之美。当然，他最大的愿望是无偿捐献给国家，使文物变成国家的公产。

1927 年冬，李根源参加“九九消寒会”时，诗人、收藏家周麟书带来先祖周用的《归牧图诗》墨迹，供大家欣赏。李根源得知，明朝工部尚书总督河道、吏部尚书周用，是周麟书 13 世祖。后有周宗建、周灿、周永年等名人。周麟书喜爱收藏祖上的象笏、官服、腰带、印章等珍贵遗物。

李根源高兴地站起来，拍着周麟书的背说：“太好了，你是恭肃公（周用谥号）的后代，我在开封花大价钱，买到了他用过的笏，今天送给你！”

于是，派人取来一柄象笏，是400多年前的古物了，仔细观看，上面有周氏六世孙镌刻的文字，证实是周用之物。

笏，又称手板、玉板或朝板。古时大臣上朝时的用具，双手执笏，记录君王的指示，亦可将上奏的话，记在笏板上，防止遗忘。《礼记》记载：“笏长二尺六寸，中宽三寸。”明代规定：五品以上的官员，执象牙笏；五品以下不执笏。从清朝开始，不用笏板了。

周麟书得到祖上的象笏，如获至宝，非常珍爱。立即在故宅内建华屋，作为供奉的藏室。请李根源题题了“传笏堂”匾额。请金松岑写了《作堂记》。请名家绘制了一幅《还笏图》于中堂。广邀亲朋好友，欣赏宝物，开怀畅饮。

1944年1月，李根源在重庆西两浮支路中央图书馆，观赏北平故宫博物院精品展览，看到大理国《张胜温画卷》，欣喜若狂，惊呼：“南天瑰宝，天下神品！”撰写了35首绝句，并作注，请学者考证、推介。李根源将诗作、原题跋、考证函跋等，结集成《胜温集》，推动了画卷的研究工作。国宝逐渐为世人知晓，天下闻名。

中华人民共和国成立后，李根源将他在苏州收藏的文物，全部捐给国家，由苏州文管会接受，计有汉空心琴砖40余块，各种碑刻、金石、拓片1500余种，古籍2万余册，书画、对联无数，唐墓志93石。现保存在南京博物院。

石刻宝库

石刻是指刻着文字、图画的石碑或石壁。石碑是刻有文字、图案，竖立起来作为纪念或标志的石块。按照形制，上端呈方形的称碑，上端呈圆形的称碣。在像墙壁一样陡峭的山崖石壁上面刻写文字、图画或造像，称为摩崖石刻。石刻是远古时代人们的一种记事方式。

在中国古代，形成了专门研究“金”“石”的一门学科，叫“金石学”。“金”就是铜器，包括钟、鼎、兵器、用具等；“石”就是石碑。广义的金石学，还包括竹简、甲骨、玉器、砖瓦、封泥、兵符、冥器等一般文物。

金石学涉及文字、历史、书法、文学、图书等学科。根据“金”“石”等器物上的文字，核对历史，发现问题，修正史实。汉朝出现，宋朝和清朝，最为发达。尤其是宋朝石鼓文的出土、清末甲骨文的发现，是金石学的重要里程碑。

李根源长于金石学，造诣深，尤为难得的是，他不仅研究、收藏，而且进行实践创造，充分发挥了这门古老、传统学科的价值。

1911 年，李根源考察片马期间，做了许多摩崖石刻，对宣示中国主权，维护中国领土完整，发挥了重大作用。

高黎贡山摩崖石刻记录了考察的经过，时间及参与人员。

“英兵寇片马，讲武堂总办李根源奉总督合肥李公命，西上筹办片马边防交涉事宜。渡怒江，历六库、等埂、鲁掌、卯照各土司，逾高黎贡山，至明光，变装傈僳，入故茶山长官司地，经大小丫口、茨竹、派赖，至他戛英兵营。匿二日，溜渡小江，视察片马板厂山毕，归至大塘，题后记之。刘万胜、石鸿韶之罪，该万死矣。宣统三年辛亥二月。是役从者：辛丞贵、潘万成、王秉钧、任宗熙、何文麟、聂绅文、刘礼权、蒋朝礼、杨锡缓、景绍武。”

李根源派下属潘万成、王秉钧，带队深入猎埂河及恩梅开江一带，考察了大小70个寨子，分别在浪清、扫脚、腊埂、陀龙、朋踵、丈褒等地，留下摩崖石刻记录：

“宣统三年七月”；“云贵总督部堂李经羲营地”；“炮队第十九标第三营正军校潘万成、步队第七十三标第三营副军校王秉钧同立”。

1912年，李根源治理滇西北边疆，怒江正式设置县级行政组织。进入怒江地区的殖边队，也在怒江地区立石碑，记载设治的情况，以存永久纪念。

当然，李根源最著名的摩崖石刻，当数苏州小王山露天书法艺术博物馆。

李根源精心经营小王山，广植林木，种下数十万棵松树，三五年后，荒山披绿装。松海涛声，声声入耳；松香缕缕，沁人心脾。李根源于林中筑起一瓦屋，9间，取名“小隆中”，追求卧龙先生宁静致远、修身养性的境界。又在林中巧妙布局，建起万松亭、听松亭、听泉石、卧狮窝、灵池、梨云涧、孝经台、吹绿峰、可桥、水龙吟等十余景点。在小王山对面岳峙山中，建“岳峙山居”3间。

专门雇工，顺着岳峙山山势，开凿出一条石径小道，盘旋而上，可达穹窿山上的真观。

李根源的人格魅力，如蜜芬芳，引来各方贤达名士，人数在 240 余人。政界要人、文化名人、亲朋好友、师长弟子、退隐遗老等等，纷至沓来，畅谈友情，吟诗题词，挥毫抒情，其乐融融，留下了众多的题咏和墨迹。

宾客的题词，成为李根源摩崖石刻的文本。他常年雇用 2 名石工，花费数年时间，将题词手迹，陆续镌刻于小王山和岳峙山的岩石上，遍山无石不书。于是，形成了阙茔石刻、小隆中松海石刻、岳峙山石刻等摩崖石刻群。

阙茔四周石壁之上，镌刻了祭奠李根源母亲者的题词。李根源墓后石壁之上，刻有国民党元老、书法大家

于右任题字

于右任书写的“与穹窿不朽”5个大字，雄健有力，潇洒脱俗，格外引人注目。旁有郑伟业、李学诗等人的19幅书法石刻。之后的石壁上，刻有郑守业的“一代伟人”，近代中国机械制造专家严庆祥的“母范”“师表”，3幅书法石刻。

小隆中，有章太炎的篆书匾额，于右任的草书石刻，堂屋悬挂着冯玉祥在泰山绘赠李根源的巨幅《蜀道难图》。

小隆中北面石壁，阔二三丈，刻有章太炎时年12岁的次子章奇，复旦大学创办人、97岁的马相伯，一老一少，同壁联袂题书的“枕涛”“世外松源”，两条石刻，马相伯跋文行书：“李侯印泉，退隐吴中，买山植松百万，从此视伏地枕涛辈，不啻上下床。”

小隆中下面，一巨石如卧狮，上刻于右任草书的“卧狮窝”。另一石上，刻有他的草书“寒碧”。再下面，是刻有章太炎篆书“听泉”的听泉石。北侧有座石亭，章太炎题写“听松亭”。卧狮窝西侧，一石峰突兀而立，爬满苔草，诗词大师陈石遗题写“吹绿峰”。

李根源引岳峙山泉水到小王山，开辟了一个大池塘，山光水色相映。李烈钧题写了“灵池”。旁凿一井，陈石遗题写“西井”，水质甘冽。

梨园旁，有一条小溪，陈石遗题写“梨云涧”，涓涓溪水，常年不息，向南欢笑而去。

桃林内的石壁上，镌刻了李根源自书的题记。

出桃林，往北数十步，便可见到两块大石壁。

一石壁上，书法大家郑孝胥与吴昌硕铁画银钩的手迹，非常珍贵。还有其余书法石刻十余幅。

另有一块平整的大石壁，即孝经台。刻有章太炎篆书“孝经卿大夫章”，每个字一尺二寸见方，字大如斗，为小王山石刻之冠。

孝经台附近的大石壁上，刻有黎元洪题写的“克绰永福”。最感人的，是李根源感谢父母的哀鸣石刻：

“蓼蓼者莪，匪莪伊蒿，哀哀父母，生我劬劳。蓼蓼者莪，匪莪伊蔚，哀哀父母，生我劳瘁。饼之罄矣，维垒之耻，鲜民之生，不如死之久矣。无父何怙，无母何恃。出则御恤，入则靡至。父兮生我，母兮鞠我、拊我、蓄我、长我、育我、顾我，出入腹我，欲报之德，昊天罔极。民国十六年，李根源泣血敬书。”

附近另一石，刻有李根源题写的“灵秀”两个大字。

登上松海山顶“霁月岭”。在“万松亭”附近，尚可见于右任草书“松海”、章太炎题写“霁月”的墨宝石刻。

北边“湖山堂”，有于右任飘逸飞扬的草书“湖山堂”及跋文。旁有陈衍题写的“松海歌”“松海”，现已成石刻残文，不完整了。

阙茔小学周围，有几十条石刻。其中，李根源的老师赵端礼所留遗墨“礼义廉耻”，苍劲有力。岳峙山还有数十条石刻。

蔡锷题写“书札四通”，扇形刻石，行书。武昌起义八功臣之一王人文题写“穹窿小隆中”。国民党元老张继题写“可桥”。民国时期司法总长、政学会首领之一张耀曾题写“普照大千”。吴昌硕弟子赵云壑题写“松柏长青”。清湖北学政、江西提学使王同愈题写“大茅西峙”“小王东下”“白云无尽”“中有亲舍”。南社发起人之一陈去病题写“琴台山”“阙母墓”“孝思长”“巩且固”。谭延闿之弟、书法家谭泽闿题写“龙眠”。画家张大千书题写“巢松”。曾任苏州博习医院院长的美国人苏迈尔博士，用英文题写“为人愈多，生命愈富”，国内罕见。这些题词、石刻，无不精深雅致。

此外，还有许多名人的题词、石刻，如邵元冲、谭延闿、程潜、林虎、杨增新、沈钧儒、章士钊、张一麐、周瘦鹃、范烟桥、陈古逸、金天羽、陈宝琛、赵廷玉、吴荫培、袁嘉谷、孙光庭、李曰垓、张维翰、由云龙等。

题词、石刻涉及的总人数不详，但仅《松海》中收入的摩崖石刻题词者及诗词作者，就达五六百人之多，留下珍贵的摩崖石刻、诗词达550幅（篇）之多。石刻有158幅。

正草隶篆，书体齐全，且多为名家大手笔，龙飞凤舞，刻工精细，可谓珠联璧合。

小王山摩崖石刻，是中国民国年间数量最多、内容最丰富的摩崖石刻群。

1996年，苏州吴县小王山摩崖石刻，被列为江苏省第四批省级文物保护单位。

地方史志

李根源博学多才，学问涉猎颇广，对地方志的编纂，亦有建树。

李根源对吴县的古墓葬、古建筑等文物，进行了较全面、较系统的考察，编写了《吴郡西山访记》，被聘为《吴县志》总纂之一，负责撰写《吴县志·冢墓志》（第40卷、第41卷），《吴县志·金石志》（第59卷、第60卷、第61卷）。《吴县志》80卷，40册，于1933年出版发行。公认张一麐、李根源出力最多。

1931年9月，云南省成立云南通志馆，周钟岳任馆长，负责组织编写新的《云南通志》和《民国云南省志》。李根源在金石学方面有很深的造诣，被聘请为20名编纂人之一，负责编纂《云南通志·金石志》。经广泛征集全省各地的金石拓片，得到了六七百种，编成《云南金石目略》，分寄各县征求意见，修订、补充。

李根源计划编成三部云南金石志书，即《云南通志·金石》《云南金石志》《云南金石目略》。

李根源比较了解云南的金石资源和金石学研究的现状。

1935年，从苏州发出《告滇人士再事搜集金石拓片书》，呼吁省内地方长官父老及热心文化之士，再进行搜求，并对如何搜集，如何进行拓片，拟了10条说明，进行指导。

提醒关注各地的文庙、试院、书院与文武衙署、寺观、桥梁及私家祠堂、冢墓的石刻拓片；澜沧江桥壁、清华洞、燕子洞西壁、苍山、狮山等摩崖，亦未见一字；永昌、楚雄、东川、普洱、思茅、蒙化，为云南金石名区，亦竟无一字；师宗、罗平、阿迷、镇雄、漾濞等十数县，不仅无一拓片，甚至连采访册上也无一字报告，“未免使人失望”。

《云南通志·金石志》，收入《续云南通志长编》第79卷、第80卷。民国时未及印刷。1985年，由云南省志编纂委员会办公室整理、印刷发行。其中，《云南通志·金石志》收条目472条，文字精美凝练。尤为可贵的是，稿子得以保存，捐给了苏州博物馆。

《永昌府文征》136卷，1943年昆明印刷。是李根源组织汇编的大型文集，影响深远。

1939年，李根源任云贵监察使，云南作为抗日战争的大后方，相对稳定，云贵监察使署事务较少，有空闲时间。李根源便着手组织编纂大型资料文集《永昌府文征》。

李根源将云贵监察使署由昆明城内的翠湖公园，搬迁至昆明西郊普坪村宝华寺二层房屋内办公。声明“三不主义”，即不请客，不做客，不拜客。不做交际应酬，集中精力，一心一意编书。

将宝华寺二层土房取名“拄笏楼”，二楼作为李根源的寝室兼编辑室，称“霜镜堂”。邀请了学者王灿、诸祖耿、方国瑜、王荦及学生郑伟业、于乃仁、于乃义等20余人协助编纂。

1940年，李根源发出了征文启事，即《征集永府诗文启》。启事开宗明义，说明了征集的重要意义。“征文考献，不病于繁而病于疏。国有史、家有乘、地方有志，以三者之不载，而湮没无闻者，何可胜道也。”一方面是不重视文献的搜集、流传，而导致大量文献遗失、湮没；另一方面又埋怨文献不足，要花大量的时间、精力去考古，发掘化石、甲骨、陶瓦，考据金石，这能说是今天的人勤奋吗？所以，一定要重视文献的搜集整理，不负先后贤达，“绍前绪以贻后昆，继往古而启方来”。

征文要求：凡涉及永昌府所属6县7局，保山县、腾冲县、永平县、龙陵县、镇康县、漾濞县，梁河设治局、莲山设治局、盈江设治局、陇川设治局、瑞丽设治局、潞西设治局、泸水设治局，著述不分体裁，不限时间，均征集；来永昌府属内执行过公务的官员的有关著述，只要涉及永昌府的，亦征集；来永昌府任职、游历、寓居之人的著述，亦征集；未曾到过永昌府属各地，但涉及永昌府属的著述，亦征集；有关缅甸的著述，应征集；地方志、滇系、诗文略等已收录的著述，不必再寄；各县局的所有撰著，要尽量搜集，分别缮寄，如果遗漏了，就愧对前贤，贻讥后人了；应征件，统一用楷书，注明作者传略，标明来源；应征件于1941年端午节前寄到云贵监察使署。

经两年辛苦努力，在腾冲商号茂恒、文瑞记、义生的资助下，终于编成。1943年2月，《永昌府文征》印刷成书。

文集为线装，大开本，尺寸为24.5×15.2厘米，共26册，厚37厘米。全书136卷，计有序目1卷；撰人名录1卷（1203人）；诗歌60卷，11563首；文录30卷，1102篇；纪载40卷，255篇；列传4卷，66篇。全书约550万字。

倾注了满腔心血的李根源非常高兴，专门于1941年5月撰写了热情洋溢的《〈永昌府文征〉自序》，说明成书的意义，“绍往哲之徽献，扬大汉之声教”，并对体例做了详细说明。

1942年6月，正在滇西抗日前线的李根源，又撰写了《〈永昌府文征〉跋》，庆幸在滇西沦陷前，提前完成了征集工作，没有使“文物荡尽”，并表达了一个愿望：待将来国土光复，要作续编，收录滇西抗战的文集，“此则根源战场盾笔寤寐不敢忘者也”。

《永昌府文征》是鸿篇巨制，洋洋大观，包含了滇西边疆地区的历史、地理、人物、风物及界务、民族等各方面各学科的著述，是研究边疆史、地区史、民族史、东南亚史的重要文献资料，成书后即为史界所推重。

《永昌府文征》是李根源的又一大文化贡献。

1932年，《腾冲县志》编纂工作开始，每成一稿，总纂刘楚湘就寄往苏州，请李根源审阅。李根源成为《腾冲县志》的总纂之一。经费不足，李根源还捐资，用于采访、抄缮。1939年，李根源回腾冲时，刘楚湘把稿子送李根源审阅、润色。李根源携带至昆明，经1年多，完成审阅。1945年1月，滇西抗战胜利，李根源回腾冲，又对稿子作进一步的审阅、润色，准备正式出版。因政局剧变，未能出版。1983年，宋文熙进行校勘。1986年，腾冲县志办公室复制校勘本，向社会发行。成为1995年中华书局出版的《腾冲县志》的重要基础。

1944年，李根源被聘为《永平县志》纂修局局长兼全稿鉴定人。1946年，完成《永平县志》。

1956年，李根源与著名书法家黄葆成合影

李根源的著述中，有一些具有较高的史料和学术研究价值。

《雪生年录》3卷，1930年上海铅印本。按年月日记事，从出生到1928年，所经历的大小事件及李根源自己的评价，是研究李根源的重要资料，也是研究清末民初中国政治、军事历史的宝贵资料。可惜，后来没有重新整理出版，限制了它的影响力和价值的发挥。

《雪生年录续编》，计划记录1929年到1962年的历史，但尚未定稿，李根源已驾鹤西去，未能公开印刷发行。

《曲石文录》6卷，1925年苏州铅印本。收录论文、文章、公文250件（篇），具有重要的史料和研究价值。

《曲石文续录》4卷，1941年昆明铅印本。是《曲石文录》的续编，收录论文、书序、传说等106篇。其中，1卷、2卷是补遗，3卷、4卷，收录了李根源在抗战前后的论文、文章及演讲稿，是研究李根源与抗日战争的重要史料。

《新编曲石文录》4卷，云南人民出版社1988年版。由李根源的儿子李希泌选编《曲石文录》《曲石文续录》及其他文集的部分文章，并收录了中华人民共和国时期新发现及新撰写的李根源的文章，合编而成。时间为1906年5月至1962年12月，收录论文、回忆录、电文等177篇，附录2篇。

此外，李根源还编印了大量文集，如《明滇南五名臣遗集》5册，1910年昆明木刻。《杨振鸿张文光合刊》1卷，1913年上海铅印本。《腾越李氏碑志五种》5册1函，1920年上海珂罗版。《陈圆圆事辑》2卷，1931年苏州铅印本。《居易堂集》20卷，1937年苏州刻版。《娵隅集》10卷，1941年昆明铅印本。

诗文创作

李根源亦擅长书法及诗作，本处仅集中谈谈他的诗作。

李根源将自己的诗作，结集编成《曲石诗录》16卷。其中，1卷至8卷，于1943年住重庆期间，在重庆铅印；9卷至11卷，在腾冲刻印；12卷至16卷，在昆明刻印。1961年，82岁的李根源又对后期的诗作进行整理，编成

13 卷、14 卷、15 卷、16 卷。这样，收录的李根源诗作，总计 2000 余首。

自光绪二十三年（1897）丁酉元旦的诗作始，李根源时年 19 岁，至晚年中华人民共和国时期的诗作。

李根源的诗，属于近体诗，又称“今体诗”，是唐代出现的新诗体，格律极严，篇有定句，句有定字，韵有定位，字有定声，联有定对。形式整齐，节奏和谐，但限制也更多。近体诗分律诗和绝句。律诗为每首八句，五言的简称五律，七言的简称七律，十句以上的称排律或长律；绝句为每首四句，五言的简称五绝，七言的简称七绝。

李根源的诗，以绝句居多。早年学李贺、李商隐，后又学杜甫、黄庭坚，与这些诗家的诗有神似。在创作实践中，李根源逐渐由师法名家，转向创作和创新，形成自己的诗风。

李根源的诗，记录了自己一生所经历的人和事，素材真实，可谓纪事史诗，是诗史，让读者感同身受，产生共鸣。真挚的感情，生动的形象，多样的风格，通俗的文风，浅显的文字，读者易于把握，朗朗上口。忧国忧民，爱国爱乡的爱国主义情怀，是其诗作的主调；亲善友爱，坦诚君子的品行，让人感受至深，心生敬意。

下面分类、举例欣赏，虽是一鳞半爪，管中窥豹，却也能体会其要旨，如品茗，小啜一口，唇齿留香，给人神清气爽之感。

国难诗。李根源一生，经历了太多的国难。国难来临，山河变色，人民遭殃，天上敌机轰炸，地上溃兵难民塞道，一路尸横遍野，逃向何方？何方才有安全的家？

《去苏州四首》之一：

大兵一退民尽逃，炸弹朝昏不断投。
救难扶伤今已矣，老夫挥泪别苏州。

悲故园

贡岭龙川尽虏尘，故园西望泪沾巾。
何堪今夜渝州月，也照沦区沦陷人。

抗战诗。山河破碎人还在，不畏强敌，英勇斗争，保家卫国，是中华民族的传统。抗日战争时期，中华民族实现了大团结、大统一，万众一心，筑起抗日民族统一战线，第一次战胜了强大的帝国主义侵略势力，捍卫了国家主权和领土完整。

1940 年抗战 3 周年，感赋七绝五首，寄慰前敌将帅诸公，发表于重庆《大公报》，其中之一：

三年血战挫天骄，杀气如云万丈高。
再接从今还再厉，会须入海斩鲸鳌。

半个月后，朱德的和韵诗五首及信件，吴玉章的和韵诗五首及信件，由吴玉章从成都寄给昆明的李根源。李根源的诗，扩大了影响。

《金鸡村诗》，其中一首：

腾龙失守祖宗辱，缅甸沦胥盟国忧。
复土复仇偌大事，人人应挺铁肩头。

悼念诗。在抵御外敌入侵，捍卫国家民族利益中牺牲的民族英雄，永垂不朽。这些英烈是民族的脊梁，应该永远铭记。

门人唐佛川寸念洁中条山阵亡

百战捐躯寸与唐，中条山色暗无光。
伤心最是黄河水，日夜奔腾吊国殇。

哭女婿杨毓华在腾冲龙口为倭寇所戕

竟自奋身殉国去，家书读罢泪潸然。
尔真是我佳子弟，愿结来生翁婿缘。

还乡诗。拳拳之心，赤子之怀，李根源深恋故土，一旦有机会，一定回乡省亲，看望乡亲。

《至腾冲五首》之四：

父老欢呼夹道迎，万人空巷喜还惊。
携来一斗黄龙酒，待与诸君饮数觥。

《永昌诗》之一：

永昌名郡是吾家，冬月山茶已著花。
如此清佳山水地，为何卅载滞天涯。

《藏书庙乡土改完成随笔赠农民兄弟》两首之一：

住此无数代，代代种租田。
翻身作主人，狂呼快活天。

故友诗。李根源与人友善，广交朋友，情深义重，常常怀念交谊深厚的友人。

旅夜怀伯兄太炎先生

卷想锦帆泾，镫前涕泗流。
天山寒月夜，有梦到苏州。

过胭脂桥怀石遗先生

人生只合住姑苏，此老风流并世无。
独霸诗坛卅十载，胭脂桥下是精庐。

赞美诗。中华人民共和国时期，李根源年老体衰，受尽疾病折磨，但是，他诗人的热血仍在沸腾，他诗人的歌喉仍然嘹亮，他依然在引吭高歌，赞美新社会，赞美新中国。

《参观成渝铁路工程，黄美涵兄有诗，余随口成三绝句，书赠路上工会》之一：

如此大工程，西南关死生。
预计通天水，又去接昆明。

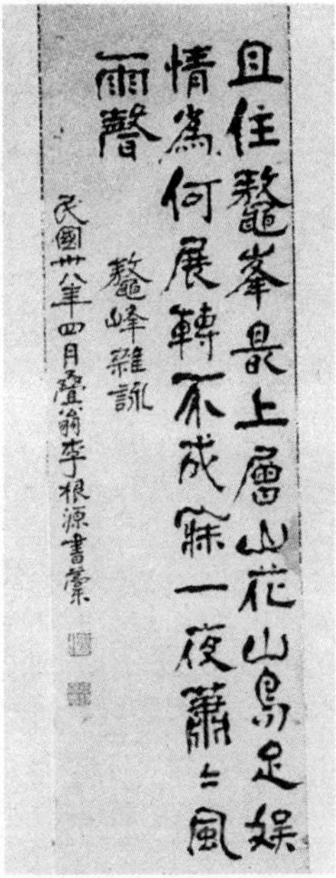

李根源撰诗并书之一

《黄河河源查勘诗六首》之一：

本是天然富国水，如何岁岁反成灾。
因循弃置无人问，今日人民问起来。

1951 年《辛壬癸赠友百五十首》之一，赠不知名的友人：

报纸与牛乳，朝朝叩门来。
我虽常闭户，怎不为君开。

以上所引诗作，只是李根源作品的一小部分，犹如打开了一扇窗户，引导人们去欣赏，去发掘，去继承。李根源给后人留下了一座丰富的宝藏。

爱国爱乡仁义重

桃李不言，下自成蹊。

义送国殇

霜冷灵岩路，披麻送国殇。
万人争负土，烈骨满山香。

这首脍炙人口的五绝，是李根源1937年11月所作，诗名《奉安东战场阵亡将士忠骸》。诗中记录了一次真实的葬礼场景。

深秋的早晨，严霜盖地，万物萧条。一支长龙似的送葬队伍，步出苏州古城，缓慢行走在灵岩山的小路上。秋风袭来，刀似的割过人们的脸庞，人们竟然没有感觉到。人们是太悲伤了，悲伤得没有万物，也没有自己了。只有心中的英雄，让他们长吁短叹，哀号震天动地。

人们送葬的英雄，其实与送葬的人非亲非故，许多人甚至并不知道英雄们的名字。

英雄是淞沪会战中阵亡的、年轻的国军官兵。苏州民众约万人，披麻戴孝，自发参加葬礼，护送英雄安息于灵岩山下。核心人物，正是走在送葬队伍最前面的老者。老者年近六旬，身材高大，须发花白，神情凝重，手执掸绋，带队缓缓而行。

他就是李根源，苏州民众称他“山中宰相”。

灵岩山，只安葬了其中82位英烈的遗骸。

英烈的事迹及精神，如空谷幽兰，暗香扑鼻，飘荡在灵岩山，飘荡在苏州，汇聚到全中国，凝聚成一股凛然正气，一种民族精神，激励中国人民奋起抗击日本帝国主义侵略势力。

1943 年，中国一位大画家在重庆读到了李根源的五绝，了解了李根源安葬抗日阵亡将士的感人事迹，深受鼓舞，当即决定创作《国殇图》画卷，弘扬抗战精神。

他就是徐悲鸿。

6 月 6 日，徐悲鸿亲往重庆化龙桥李根源住所，拜访李根源，为李根源画像，做画卷的素材。

坐下交流一会儿，就开始画了。徐悲鸿在饭桌上铺开宣纸，先微闭双眼，沉思片刻，然后，睁开眼睛，迅速拿起笔，在纸上唰、唰、唰，几笔下去，人物的轮廓大致就出来了，略作修饰，一位可亲可敬的爱国老人李根源，就走到了饭桌的宣纸上来了。

徐悲鸿绘李根源像

大师的绘画时间，前后不到 5 分钟。

图上题记为：“三二年六月十六日，在化龙桥为李印泉先生造像，国殇中执绋者像。”这轴画卷，是徐悲鸿的得意之作。可惜后来散佚了，今仅余李根源一人的画像，陈列于北京徐悲鸿纪念馆。

徐悲鸿非常钦佩李根源的爱国和担当精神，这正是国难当头的中华民族所迫切需要的。日寇入侵，山河破碎，生活在人间天堂苏州的李根源再也不能超然了。他再一次握紧老拳，挺起枯槁、病弱的身体，顽强地站到斗争的最前列，以一己之力，带动、组织社会各界力量，积极投身于抗日战争，做出了一系列感人的爱国事迹。

1932年“一·二八”事变，第19路军和第5军，在上海英勇抵抗侵华日军，部分伤员转移到苏州治疗。李根源与苏州各界人士积极募款，进行慰劳，其中有78位伤员，因伤重而殉国。李根源、张一麐发起善后事宜，将78名烈士安葬于马岗山麓。4月，建成“英雄冢”，坐西向东，封土高1.5米。

墓两侧竖立两块石碑。

阳碑阴刻“英雄冢”，为李根源题写。

阴碑镌刻着郑伟业书写的抗日阵亡战士王得胜、梁林等78人姓名。

1936年11月23日，南京国民政府以“破坏秩序，危害民国”罪名，逮捕了救国会领导人沈钧儒、邹韬奋、李公朴、章乃器、王造时、沙千里、史良7人，关押在苏州看守所，史称“七君子事件”。全国各界强烈要求无罪释放爱国的七君子，开展了营救活动。李根源与苏州各界人士，为恢复七君子自由而奔走，送书报、食品、衣物，进行慰问。端午节，李根源还特地定了一桌酒席，送进看守所，请七君子过节。

1937 年 6 月 11 日下午，第一次开庭，因旁听受阻，李根源手持旁听证，大声抗议说：“我们活了六七十岁了，从未见过为了爱国而坐牢监的，现在又不准旁听，是何居心？”迫使法庭准许派代表旁听。

7 月 30 日，江苏省高等法院裁决：交保释放。李根源、张一麐、陶家瑶、陆翥双、张一鹏、钱鼎、潘经耜等出具保状，办好出狱手续。李根源是沈钧儒的出狱担保人。

7 月 31 日下午，七君子被释放出狱，受到热烈欢迎。当晚 7 时，李根源、张一麐在国货公司三楼屋顶花园设宴欢迎七君子。

8 月 13 日，“八一三”事变，淞沪会战爆发，日本全面侵华战争进一步扩大。李根源与苏州各界人士积极从事支前工作。张一麐与李根源商量，提出组建一支“老子军”，以张一麐的住所作为司令部，张一麐为司令，李根源为参谋长，军事统帅则是 98 岁高龄的马相伯老人。号召 60 岁以上的老人参加抗日，做一些老年人力所能及的事情，如埋地雷、点火药线等。这样就可以减少青年的牺牲。此举一时轰动全国，各地老人纷纷响应，热火朝天地展开了筹建工作。后因南京国民政府的劝阻而作罢。

李根源与苏州爱国绅耆，继续做好善后工作，支援淞沪会战，组织人员赴前方抢救伤员，装殓忠骸，运来苏州藏书善人桥“英雄冢”安葬，共有 1200 多棺。因战事吃紧，

1937 年上海“八一三”抗战爆发时，李根源（左六）、张一麟（左五）与第三战区司令长官司冯玉祥（左四）、左翼军总司令兼第九集团军总司令张治中（左七）、右翼军总司令兼第十八集团军总司令张发奎（左八）、淞沪警备司令杨虎（左九）、惠心可（左十）、钱梓初（左一）合影

有些烈士的遗体，只能合棺埋葬。即使这样，墓地还是不够。李根源再找新的墓地。明朝官员、学者陈仁锡的后裔，捐出了灵岩山下石码头砚山祖茔地 40 余亩，总算让英烈忠骸有了安息之所。

11 月 5 日，李根源亲自送装殓忠骸的 82 棺，至砚山安葬，建成“伤兵坟山”。棺材上下相叠，排成长方体，用泥土堆埋成丘，周围用石头砌筑。墓地长约 30 米，宽约 4 米，高 2 米。

除安葬抗日烈士，李根源还参与组织收容、安置难民、救治伤员等工作。

1942 年 5 月，入缅作战的中国远征军 200 师师长戴安澜牺牲，灵柩运回中国，经腾冲，自怒江上游过江，到漕涧，准备运回昆明。李根源以云贵监察使的身份主持了公祭仪式，通电灵柩沿途所经的云龙、永平、漾濞、大理、凤仪、祥云、镇南、楚雄、禄丰、安宁各县，要求各县长统率地方全体民众暨学生团队，敬谨郊迎，公祭忠烈。

1945 年 3 月，回到腾冲的李根源，担任了纪念阵亡将士建设委员会副主任委员，主持建设中国远征第 20 集团军光复腾冲阵亡将士陵园。7 月 7 日，抗战 8 周年时正式落成，取名“国殇墓园”。

上午 10 时，隆重的纪念大会，李根源致辞，有两点给人们留下了深刻的印象。

一是李根源在讲话中说到，对阵亡的烈士和负伤阵亡的战士，“我们都应该视为祖宗”。

二是李根源在讲话中，提议以 1944 年 9 月 14 日光复腾冲的日子为“重光节”，每年此日献坟扫墓，祭奠英烈。得到会场热烈鼓掌，赞同。1945 年 9 月 14 日中午 12 时，李根源与腾冲数万人，在国殇墓园举行了公祭典礼。

国殇墓园位于腾冲城西南来凤山下小团坡，占地 80 余亩。四周以石墙和土墙圈闭。主体建筑大门，陈列馆、忠烈祠、烈士墓、纪念塔，以中轴对称，台阶递进形式布局。松杉竹柏，杜鹃山茶映衬其间。

牌楼式大门，门额上嵌有李根源题写的“国殇墓园”石刻。门墙呈八字形。进大门，经甬道，走到尽头，便是庄严肃穆的忠烈祠。祠前台阶正中，嵌有蒋介石题、李根源书写的“碧血千秋”刻石。忠烈祠为重檐歇山式建筑，

李根源倡建的腾冲国殇墓园

上檐下悬蒋介石题写的“河岳英灵”匾额。正门上悬挂着国民党元老、大书法家于右任手书的“忠烈祠”匾额。祠内外立柱上，悬挂何应钦及中国远征军第20集团军军、师将领的题联。走廊两侧，有蒋介石签署的保护国殇墓园的“国民政府军事委员会布告”，第20集团军总司令何揆彰的“腾冲会战概要”“忠烈祠碑”等碑记。祠内正面为孙中山像及遗嘱，李根源《告滇西父老书》。两侧墙体，镶嵌着阵亡将士题名石碑20余方，共9618人。

忠烈祠后面的小团坡，为英烈墓群。小团坡上，建有圆锥形纪念塔，霍揆彰题写“远征军第二十集团军抗日阵亡将士纪念塔”。以塔为圆心，烈士墓呈辐射状，纵队排列，葬于缓坡周围，计3646墓。每墓内葬有一个英烈骨灰罐，上立一个石碑。大门右侧建“倭冢”一座，埋日军尸体1具，立一碑，上刻李根源书写的“倭冢”，永远向中国人民忏悔和谢罪。

陈列馆展出了腾冲抗战的图表、照片、实物等珍贵资料。

国殇墓园是中国大型抗日战争纪念陵园之一，在海内外具有广泛影响。

1996年11月20日，国务院公布为全国重点文物保护单位。

关爱桑梓

李根源的乡土观念很重，无论宦游在京、在陕、在粤，还是在野为民、客居他乡，心头总萦绕着缕缕思乡之情，对故乡的事，总是格外关心、上心；见到故乡的人，总是格外亲切、亲近。热心为故乡做一切力所能及的事情，乐于看到故乡的发展和进步，乐于看到故乡子弟的成长和有所作为。

抗日战争初期，中国沿海地区遭受日军的大举进攻，几乎所有的港口都被日军占领，封锁了中国的主要国际援助通道。滇越铁路作为唯一的国际援助通道，也受到严重威胁，时时可能中断。1937 年 8 月，云南省主席龙云到南京出席国防会议时，向蒋介石建议，另外开辟国际交通线，修筑滇缅公路和滇缅铁路，直通印度洋，接受国际援助。滇缅公路由云南负责，中央补助；滇越铁路由中央负责，云南协助。蒋介石深表赞同。

1937 年 12 月，滇缅公路开工。1938 年 8 月底通车，为抗日战争做出了巨大贡献。

1938 年 12 月起，滇缅铁路工程上马了，分东、西两段，同时修建。投入民工 30 万人。东段自昆明，经安宁、禄丰、楚雄、镇南，至祥云。西段自祥云起，有南北两线可走，北线自祥云，经下关、保山，由腾冲出境，或接缅甸铁路干线终点密支那，或接八莫；南线自祥云，经弥渡、云县、孟定、南定河口，由滚弄出境，接缅甸支线站腊戍。

究竟走何线，一时争论激烈。李根源坚持走家乡腾冲的北线。于 1941 年 1 月，写了《与蒋介石言滇缅铁路线书》，从国防战略，发展西南经济，沿线人口、资源、气候条件，滇西重镇分布，华侨优势等几个方面，洋洋宏论，力主北线。建议同时勘测南线、北线。如果两线工程量差不多，不如采用北线。即使勘测证明高黎贡山的工程难度不是不可克服的，只是投资大、工程量大，也应该采用北线，因为北线的优点多，利益巨大。

李根源还约周钟岳，专门在安宁温泉与滇缅铁路督办曾养甫商谈，主张北线。曾养甫答应将来把北线作为滇缅铁路支线，帮助促成修筑保山、腾冲、八莫公路。1月27日，李根源又专门写了《致滇缅铁路督办曾养甫言保莲路事函》，建议腾冲至八莫200千米路程，其中在中国境内的一百三四十千米，还是修筑铁路为宜；腾冲至保山的百余千米，仍应先赶通公路。

国民政府最终定了南线。

1942年5月，日军侵入滇西，为防止日军利用滇缅铁路，将西段路基、涵洞等基础工程破坏，滇缅铁路停工。

李根源深切关怀饱受战争蹂躏、为支持滇西抗战做出重大牺牲的家乡人民。滇西抗战胜利之际，李根源即与龙云联名，于1945年3月25日发出《请豁免腾冲龙陵两县粮赋电》，致国民政府，陈述腾冲、龙陵两县，以及梁河、盈江、莲山、瑞丽、陇川、潞西、泸水7设治局，受战争摧残的苦楚和惨状，“腾、龙为最”，提出三点请求：一是请中央拨赈款，分别予以救济；二是免腾冲、龙陵两县三年的粮赋；三是缓征腾冲、龙陵两县三年兵役。

李根源请好友、四川省主席张群帮助，与行政院长宋子文、财政部长俞鸿钧、粮食部长徐堪疏通，得到批准。为滇西各族人民重建家园、休养生息，给予了极大的帮助和有力的支持。

1945年10月3日，昆明事变爆发。国民党领袖蒋介石与“云南王”龙云强势个性碰撞，蒋介石用“小偷式流氓手段”（龙云语），把龙云几近押解的情形下，飞送重庆，解除了龙云在云南的所有军政职务，结束了龙云在云南的统治。

昆明事变前，蒋介石秘密致电在腾冲的李根源，邀请李根源到西昌面谈。李根源猜测蒋介石要以“滇人制滇人”，造成云南内部的分裂，便于他掌控。复电表示年老多病，不宜远行，婉言拒绝了。

1949年9月9日，蒋介石逼迫卢汉在云南“整肃”，军统特务、宪兵、警察到处抓人，逮捕了400余名进步人士，军统云南站站长沈醉，要求卢汉枪毙200余人。卢汉以证据不足为理由而拒绝。保密局长毛人凤，将枪毙的人数减为100名，再减为40名。

蒋介石的目的很阴险，让卢汉枪毙云南进步人士，既可以打击云南的进步势力，也可以造成卢汉与中国共产党和进步人士的矛盾，使卢汉失去退路，只能死心塌地地跟随国民党政权。

卢汉很为难，恰好国民政府代总统李宗仁要来云南视察，卢汉想借此机会，利用李宗仁与蒋介石的矛盾，能够得到李宗仁批准，释放被捕的人士。但是，怎么讲呢？卢汉觉得自己官阶低，不能与李宗仁直接对话。

周钟岳出了一个点子，请一位有分量的云南名人出马，去跟李宗仁谈。这位有分量的云南名人，非李根源莫属。只有李根源才有资格跟李宗仁对等交谈。

卢汉大喜过望，他知道李根源一定会答应，玉成此事的。立即派了一架运输机，假运钞票之名，飞到腾冲，专门接李根源一行 6 人到昆明。

李根源一到昆明，立即派人慰问被监禁的进步人士，密谋营救事宜。

11 月 3 日，张群陪同李宗仁到昆明，卢汉组织了几十万各界群众夹道欢迎，隆重接入五华山光复楼四楼居住。卢汉向李宗仁诉苦，蒋介石的军统特务无法无天，乱抓人，老百姓天天来上访、抗议。得到了李宗仁的同情。大批云南地方人士，向李宗仁递交请愿书，要求释放被捕人士。

李根源在家中接待了李宗仁一行。李根源进言说："九九整肃，大肆逮捕云南的精英人才，引起云南人的反感。蒋先生这样做，会失人心的，等有机会，我想劝劝他。云南被捕的人士，应该通通释放！"

李宗仁为难地说："印老，怎么放啊！"

张群马上说："恐怕放不得，蒋先生才来电报，指示将张天放等 10 人，押到重庆审讯。印老，您就别管这件事了。"

李根源问："电报呢？"

电报拿上来。原来是沈醉电请处理意见。蒋介石回电指示："情有可原而罪无可逭。"口气严厉，要求严肃处理。沈醉还未看到电报，先报送卢汉。卢汉压下来了。

李根源略一思考，拿笔在电报上的文字中间，打了一个反勾，意思变成了："罪无可逭而情有可原。"

李根源说："这就是依据了，可以网开一面的！"

张群不吱声了。

李宗仁击掌叫好。立即在云南人士的请愿书上指示："罪无可逭，情有可原，准予从宽处理。"

11月27日，卢汉据此释放了全部被捕人士，保护了一大批爱国进步人士。

12月9日，卢汉宣布云南和平起义，脱离国民党政权，投入新生的中华人民共和国。李根源坚定支持卢汉举事，并表示愿意密电中国人民解放军总司令朱德，代为疏通。

抗战胜利后，李根源在腾冲期间，建议新建了腾冲县图书馆。组织创办了私立大同实用职业学校、腾冲高级商科职业学校、腾冲县立职业学校。重视小学教育，在九保小学的欢迎大会上，李根源鼓励家乡人民要支持孩子读书，说孩子有了知识，才会有本领。

李根源在腾冲县城"凤翅园"西面，建了一排二层楼房，为家乡来县城读书的穷孩子，提供免费住宿和生活费。1945年至1949年，资助了100名穷学生，有汉族孩子，也有少数民族孩子。

在李根源的倡导和支持下，九保重教成风，至今学风甚炽，人才辈出。

在第二故乡苏州，李根源与乡亲们往来频繁，亲如一家。在当地提倡建设实验新农村，兴办文教、卫生、福利事业，创办了阙茔小学、成人夜校，凿井筑路，建设浴室、阅览室，保护古迹，植树造林等，受到了乡亲们的称颂。乡亲们以李根源为小王山的骄傲，每年都会去李根源墓上拜祭。

仁慈友爱

1909 年 11 月的一天，昆明翠湖西岸云南陆军讲武堂内，人来人往，热热闹闹，又有一批新学员前来注册报到了。

新学员按秩序排着队，鱼贯而行，到注册处注册报到。轮到一位强壮、年龄稍大的青年办理注册手续时，麻烦出现了。报到册中，这位青年的籍贯明明写着“云南临安府蒙自县”，但却满口浓重的川腔。

注册教官质问：“你是蒙自人，为什么说满口的四川话？”

青年脸一下红了，但仍强撑着，解释说：“祖上确实是蒙自人，有一年大旱，祖父带全家逃难到了四川，才定居在四川的。”

注册教官说：“你撒谎，我不相信！”

这时，跟在后面的新学员不耐烦了，起哄说：“让开！让开！”“不要挡着！”“靠边！靠边！”……

秩序一下乱了，引来了一位年轻、高大、威武的教官，上前来查看究竟。

注册教官马上站起来，边敬礼，边说：“报告李大人，这个人的籍贯有假！请您指示！”

来人正是云南陆军讲武堂监督李根源。李根源对青年说：“你跟我去办公室。”又对注册教官说：“继续注册！”

在办公室，李根源问青年："你的籍贯是怎么回事？"

青年坦诚相告，他叫朱德，字玉阶，原名叫朱代珍、朱建德。1886 年 12 月 1 日，出生在四川省仪陇县马鞍场一个佃农家庭。23 岁。从小读过私塾。从四川省高等学堂附设体育学堂毕业后，回到仪陇县高等小学堂任体育教习兼庶务。应成都好友秦昆相约，结伴来昆明投考云南陆军讲武堂。

1909 年春节刚过，朱建德不顾家人反对，执意到成都，与秦昆一起，乘船到嘉定（乐山）。两人一路步行，挑着货郎担，摇着拨浪鼓，沿途贩卖杂货，以赚钱度日。经叙府（宜宾）、昭通、会泽，到达昆明，历时 70 余天，行程 3000 里。先投靠昆明巫家坝秦昆一位当兵的朋友。

第一次报考，两人的成绩都比较好，达到了录取要求，但是，秦昆被录取了，朱建德却榜上无名。原来，云南陆军讲武堂只招收云南省的学生。朱建德如实填写了"四川仪陇县"，自然被拒录。秦昆改填了"云南昭通"，被录取了。

身无盘缠的朱建德，只好在昆明当兵。因为有文化，肯吃苦，很快当上连队的司务生（文书）。

过了几周，云南陆军讲武堂第二次补行招生，朱建德又去报考。这一次，他吸取了教训，姓名由朱建德，改为朱德。籍贯填成了录取名额比较多的云南省临安府八属的蒙自县，考试成绩好，终于被录取了。

哪知道，一口川音，暴露了他的秘密。

李根源了解了情况，不禁对眼前这位青年刮目相看了，爱才、怜才之心油然而生，当即决定，要帮助这位青年实现他的理想。

李根源对朱德说："好了，我知道了。就这样，你去把手续办了。今后你要珍惜机会，好好学习，将来报效国家。"

朱德还在忐忑地说："就这样吗？"

李根源坚定地说："就这样了！"

按规定，冒充籍贯是要开除学籍的。讲武堂的一些领导，也坚持要开除朱德。李根源拍板说："这是一位不远千里来投考讲武堂的有志青年，我们不应该把他拒之门外。籍贯的问题，就不要追究了，改回四川原籍就行了。"

一位杰出的开国领袖、军事统帅，差一点被扼杀在摇篮之中。

在讲武堂期间，朱德率真、敢打抱不平的性格，又给他带来了麻烦。朱德批评教官随意打骂学员的作风，得罪了带他的学生队队长顾品珍。顾借朱德迟到之机，严厉训斥。朱德不服，两人大吵起来。顾找到李根源，强烈要求开除朱德。

李根源开导说："筱斋（顾品珍号），我们办讲武堂的目的，不是要培养唯唯诺诺、循规蹈矩的学生，而是要培养像朱德这样朝气蓬勃，跅弛不羁之才。"

朱德站在外面，听了两人的对话，非常感动。

顾品珍从此改变了对朱德的态度，以后朱德历经辛亥革命、护国战争、川滇黔军阀混战，成长成为滇军名将，是顾品珍十分依赖的部属。1921 年春，顾品珍任命朱德为云南陆军宪兵司令部司令官，云南省警务处长兼省会警察厅长等职。

1922 年，李根源与朱德在北京重逢，两人有 10 年未见面了。李根源任北京政府的航空督办。朱德厌倦了军阀混战，决定去德国留学。李根源协助朱德办了护照。朱德在德国加入了中国共产党，实现了人生的重大转变。

16 年后，两人在西安再次相逢。1938 年 4 月，李根源自新疆迪化（乌鲁木齐）飞西安治病，陕西省主席蒋鼎文安排他在西安郊区宋家花园居住。8 月，朱德来西安做报告。此时的朱德，已经是声名赫赫的第 18 集团军总司令了。朱德获悉老师在西安，专门来宋家花园看望老师。李根源派儿子李希泌去见朱德，请朱德注意安全，出入要警戒，不要再来宋家花园。朱德让李希泌转告老师，不要替他担心，现在是全国抗日，国民党不敢对他怎样。

两天后，朱德第二次来宋家花园看望老师，赠送了一本毛泽东亲笔签名的《论持久战》。得知老师打算回昆明养病。朱德托老师转交三封重要的信件，给三位重要人物：云南省主席龙云，四川省主席王缵绪，四川绥靖公署主任邓锡侯。信中肯定了四川、云南在抗日战争中所做出的积极贡献，鼓励坚持抗战，争取胜利。

李根源回到昆明后，将朱德给龙云的信，亲自交给龙云。朱德给王缵绪、邓锡侯的信，李根源加上自己的信，再加封，分别寄给两人。完成了一次重要的信使任务。

1940 年抗战三周年，李根源在重庆《大公报》上发表七绝五首，寄慰前线将士。八路军总司令朱德读到后，非常感动，步老师七绝五首的原韵，创作了七绝五首，与老师唱和。写了一封信，报告与老师西安道别3年来，坚持敌后抗战，发动百团大战的情况，提醒老师发动越南、缅甸、印度人民起来抗战，防范日寇入滇。

朱德请成都的吴玉章，把诗和信，寄给昆明的老师。

朱德七绝五首之三，称赞了老师李根源：

报国仇同志亦同，精诚团结伏强戎。
吾师气壮身犹健，扫寇归来唱大风。

1949年12月30日，李根源致电朱德，对朱德参与领导、创立中华人民共和国，感到自豪，表示拥护。朱德两天后复电，问候老师。

朱德委托统率解放大军入滇的陈赓、宋任穷，找到李根源，护送到北京，出席全国政治协商会议。

1951年初，李根源在重庆参加西南军政委员会第二次全体会议，因重庆潮湿多雾，经常生病。朱德得知后，立即指示护送老师到北京治病。6月2日，李根源到北京，被安排住进绒线胡同70号。当天下午，朱德即赶来看望。安排秘书，送老师去医院检查、治疗。朱德经常来看望老师，过问他的生活、治疗事宜，赠送医药、补品、布料等。

朱德见老师喜欢花草，送来了一盆月季花。月季花的花枝，用柳条捆扎着，种下去后，月季花枯死了，柳条却活了，长成了一株柳树。

李根源写了一首五绝，感谢朱德的情谊：

华屋作馆舍，病院选良医。
如兹美风义，天下知重师。

1962年夏季的一天，朱德照例来看李根源，问：“老师，您怎么样？”

“好！”

“您抽什么烟？”

“川烟。”

“我也是抽川烟。”

两人边聊，边卷烟，装到烟杆里，点火抽起来。

朱德又说：“老师，中印打仗，现在我们准备停火，

1964年春节全国政协招待会上朱德委员长（左）亲切看望其恩师李根源及夫人马树兰

主动后撤，看看老师有什么见教。”

李根源马上说：“好，应该，要有大国的风度。”

1965年7月3日，朱德到医院看望病危昏迷的李根源。晚上，李根源有点意识，眼微张。

儿子李希泌大声告诉说：“今天，委员长来看望大人。”

李根源露出笑容，只说出：“来……来……来……”

3天后，7月6日下午1时35分，李根源与世长辞。

当天晚上，忽起大风，朱德赠送的杨柳竟被吹折，随李根源而去了。

7月9日，朱德主持了李根源的追悼会。

李根源与朱德50年的师生情谊，感人至深，是李根源为人的真实写照。李根源的为人，深受儒家传统思想影响和家庭的熏陶。儒家“忠孝仁爱，礼义廉耻”的伦理思想，成为李根源为人处事所奉行的准则。李氏家规：“孝悌忠信，勤俭早起，爱众亲仁，自立知耻。”感染着、规范着李根源的为人处事。慈善的祖母，亲善的父母，是李根源为人处事直接的榜样，他们的言传身教，潜移默化地示范和传授给了李根源。成人后的李根源，四海为家、宦海沉浮、在朝在野，身历太多的风风雨雨、起起落落，也纠结了太多的恩恩怨怨、爱恨情仇，充分感悟到了亲情的永恒和无私，友情的真挚和珍贵。

李根源的为人，归纳起来，可以这样总结：对长辈孝，对家人亲，对朋友义，对民众善，对仇人宽。

李根源是出名的大孝子。

1921 年，李根源接母亲到苏州安居，恪守孝道。将十全街寓居，称为“阙园”。每天早晨，李根源都到母亲床前请安，为母亲穿衣叠被，送早点。晚上，为母亲展被驱蚊，等待母亲就寝。母亲患病了，李根源亲自送上汤药。空闲时，陪母亲郊游。母亲去世后，李根源为母亲营建“阙茔”，并在墓旁建屋守孝。每逢母亲忌日、诞辰，李根源都要祭祀，在母亲灵堂前或墓前，长跪不起，声泪俱下。因长时间受潮，身上长疽，皮肤腐坏，危及生命，妻子马树兰为他植皮献血，才得痊愈。

李根源时常告诉晚辈：“我的命，是你们奶奶救过来的，你们一定要对奶奶好！”凡起房建屋，必专门设置妻子马树兰的画室。马树兰早年留学日本学刺绣、文学，回国后，专习国画，工于牡丹。

李根源广交朋友，人缘极好。对朋友慷慨仗义，赤诚相助，不图回报。而他落难时、困难时，也常常得到朋

1956 年，李根源夫妇与部分儿孙合影

友的鼎力相助。母亲去世时，家中清贫，善后之事都难料理。好友李曰垓、尹泽新到上海借来500元，才将母亲入殓。第二天，好友冷遹、俞寰澄，各赠1000元，办理了善后事宜。守墓病危时，一大批好友又出手相助，李根源详细记录在他的《雪生年录》之中，永远铭记：黎元洪400元，岑春煊300元，云南省政府2000元，李烈钧1000元，于右任2000元，冯玉祥200元，莫荣新200元，刘定五300元，张群300元，朱益之2000元，王治平1000元，张笃伦、周开勋、赵锡光各200元，刘焕、杨廷霭、李德贵、王根僧、樊钟贤各100元。李根源用于修建阙茔。

李根源于钱财方面，比较洒脱。他一生经手的经费，数额巨大，但自守清廉，从不贪污敛财。衣食简单，生活节俭，却乐善好施，常常周济穷人。治理滇西时，李根源致电蔡锷，拒绝每月另给的2000两公费，要求将父亲调解腾榆冲突用的1000两，从自己的薪俸中扣还。李根源为修葺黄花岗烈士墓捐款1000元。赈灾，救助难民、穷人，是李根源热心的公益事业。1920年，李根源在上海贷款数万元，专门收容溃败的海疆军、滇军官兵。

盛世才介绍了一位白俄医生给李根源，随行到腾冲。李根源为他取中文名：沙麻林。相处如家人。沙麻林与李希泌互教俄文、中文。沙麻林不到40岁就英年早逝。李家很悲痛，把他安葬在腾冲。李根源亲自为他撰写了碑文。

李根源的为人，格外之处，还有他对政敌、仇人的宽容。对刺客，他不以深究，给予释放；对政敌，他不赶尽杀绝，得饶人处且饶人。

李根源、李烈钧争夺驻粤滇军，兵戎相见，势不两立。但过后两家却相处亲密，往来频繁。

赞美新生

李根源以满腔热情，投入中华人民共和国的怀抱。党和国家对这位历史老人也关怀备至，体贴入微，给予很高的政治待遇和丰厚的生活待遇。

1950 年 6 月，71 岁的李根源应中央人民政府的邀请，作为 43 名特邀代表之一，出席了在北京召开的中国人民政治协商会议第一届全国委员会第二次全体会议。会上，安排了李根源发言。他欣慰地谈道："会议的气象，表示我们的国家，将要十分的兴旺起来。我们的人民，将要得到重大的幸福。"

毛泽东主席宴请与会者，李根源作为无党派人士，被安排在首席。卢汉说："这是我们云南人的光荣啊！"

中央人民政府任命李根源为西南军政委员会委员。

7 月，朱德邀请李根源到北戴河疗养，李根源提出先到苏州给母亲扫墓,在中共中央统战部科长王德宝陪同下，乘火车去苏州，受到苏州地方政府的热情接待，拜谒章太炎灵厝，拜访曹元弼，祭扫阙茔，了解了藏书庙乡土改、苏州文物保护的情况，出席了苏州市政协会议。参加了上海 50 万群众参与的"八一"建军节庆祝大会。

苏州专员公署派解放军到小王山，加强安全工作。

李根源对王德宝说："没有必要，我与小王山的乡亲，感情很深的，不会有什么问题的，你们不必担心。"

1951年初，李根源自苏州，经上海、武汉，到重庆，出席西南军政委员会第二次全体会议，李根源做了发言。

1957年4月，李根源（右）与其堂妹夫尹明德（原国民政府外交部专员、滇缅界务专员）合影

7月1日，李根源应邀出席了毛泽东主席主持的庆祝中国共产党成立30周年酒会，地点在中南海怀仁堂草坪，毛泽东主席与李根源亲切握手，嘱咐在北京安心养病，赠送少数民族进献的麝香、人参、阿胶、酥油、狼皮褥子给李根源。

1952年，西南军政委员会改为西南行政委员会，李根源仍为委员，但因病没有参会。1953年，各大行政区撤销，李根源改任中国人民政治协商会议全国委员会委员，直到逝世。

1959年至1962年，三年困难时期，周恩来总理得知李根源生活困难，指示管理局，每月给李根源100元，私人用服务员的工资，也由管理局支付。

1963年春节，国务院举行春节招待会，邀请在京70岁以上的全国政协委员、全国人大代表参加。84岁的李根源被特意安排在首席，与国家领导人刘少奇、陈毅等同桌。周恩来总理在祝酒词中说道："今天在这里，我是后生。在座的还有两位总理，一位是印老（即李根源），一位是翁老（即翁文灏）。"中共中央领导人，对李根源敬重有加。

1964 年元旦茶话会，周恩来总理出访国外，由全国人民代表大会常务委员会委员长朱德主持，李根源应邀出席。

晚年的李根源积极发挥自己的余热，为国家的建设和发展服务。

国际方面。1956年，中国政府准备解决中缅边界问题，周恩来总理向李根源咨询滇缅界务问题。李根源介绍了当年滇缅界务问题的形成及焦点问题，建议从云南找几位专家，专门研究，提供参考。民族学、历史学专家方国瑜，界务专家尹明德，就是李根源推荐的。

1960 年 3 月，周恩来总理在赴云南边疆城市芒市签订《中缅边界条约》前，专门来医院看望李根源，表扬他对中缅边界问题解决所做出的巨大贡献。

李根源一直关注着抗美援朝战争。平壤大捷的消息传来，即赋五绝一首，寄慰中国人民志愿军：

平壤告大捷，伍使正义伸。
壮哉志愿队，打虎好精神。

国内建设方面。在重庆，参观了成渝铁路工程、重庆一〇一钢铁厂。在北京，参观了门头沟煤矿、石景山铁矿、四季青人民公社。对黄河治理、黄河河源勘探、华北粮食丰收、云南省剑川县地震，李根源都很牵挂，让他时喜时悲。当然，更多的时候，还是发自内心深处的赞美，感慨自己有幸逢遇盛世。愉悦的心情，从他的诗作中毫无保留地流淌出来，感动着读诗的人。

西藏问题，李根源尤为关注，从报上得知解放军进军西藏，西藏地方政府派出代表团，赴北京和谈。西藏代表团经重庆时，李根源因病，未能出席欢迎宴会，便写了五绝五首，送给西藏代表，其中之一如下：

共同纲领在，金石可为开。
西藏好兄弟，回到祖国来。

中央人民政府与西藏代表团达成和平解放西藏协议，李根源非常高兴，西南半壁江山巩固了。

1959 年 7 月，全国政协文史资料研究委员会成立，范文澜为主任委员，李根源、顾颉刚、申伯纯、杨东莼为副主任委员。周恩来总理号召老人们，将自己的经历写出来，作为重要的史料。李根源克服身体不适的困难，积极撰写了《我与政学系》《回忆辛亥革命前后》等珍贵的文献，编入了《文史资料选辑》。撰写了《〈云南杂志选辑〉序》《衷心赞颂建国十周年的伟大成就》《纪念李定国逝世三百周年》《从“集体万寿”谈起》等一系列文章，讴歌新时代的伟大成就。

李根源时常怀念寓居台湾的老朋友于右任等人，曾两次对台广播，呼吁他们以及台湾军政人员，共同完成祖国统一大业。

1959 年 5 月，李根源在北京中山公园

云南精神放光彩

高原情怀，大山品质。

云南精神

云南精神是云南省这一特定区域内的各族人民，在特殊的自然环境和人文环境中，长期创造和发展历史而逐渐形成的一种地域精神，具有特定的意义和内涵。

李根源是探讨云南精神的第一人，首次提出了“云南人的真精神”“云南人的精神”“云南人的抗战精神”等概念，并对这些概念注入了实质内涵，做了一项了不起的文化贡献。

李根源是在抗日战争的环境中来探讨、提炼、升华云南精神的。

1940 年 7 月 7 日，抗日战争 3 周年纪念日，李根源在国民党云南省省党部作了《云南人的真精神》的演讲。

演讲以“我们为什么要抗战”开题。抗战是追求中华民族的自由解放、生存独立和平等。“抗战则生，不抗战则死”。抗战 3 年，敌人“奈何我们不得”，是由于中国积极抗战，广大将士，包括我们云南的将士，发扬了“中国的精神”，缩小一些说是“云南人的精神”。这种精神是“不屈不挠的精神”。

“云南人的抗战精神”，是有历史传统的。清朝光绪年间的中法战争，云南的一批将帅，如岑毓英、杨玉科、蒋宗汉、徐联魁、蔡标等率军抗战，缔造共和革命运动中的护国之役、靖国之役。云南人的坚毅和刚强，反抗强敌的精神，充分显示出来。

抗战 3 年，“云南先后出兵不下 15 万”，英勇抗敌，“都可以证明云南人的精神是古今一致的”。

“就我个人而论，年纪虽然已经 62 了，可是一谈到抗战，不知怎的，我的精神便会奋发起来。”

7月，李根源进行了密集的演讲，宣传“云南人的精神”。7 月 10 日，在中央军官学校第五分校，做《我们怎样继承先烈先贤们的传统精神》演讲。7 月 26 日，在云南国民教育干部训练班，做《国民教育和抗战建国的关系》演讲。

8 月 1 日，在中央军官学校第五分校 5 周年纪念日，做《“金碧之神”底话》演讲。

演讲借用昆明著名的金马、碧鸡的神话，说金马、碧鸡之神显现，指引了云南的辛亥革命，推翻了清朝统治，光复了云南。现在，金马、碧鸡之神，又显现、说话了，号召把强盗赶出去。不然，“那你们简直对不起你们的祖宗，对不起你们的子孙，对不起金马、碧鸡之神。干脆地说，你们便不能算做云南人。反之，便是云南的好汉，中华民族历史上的英雄”。

12 月 9 日，在中央军官学校第五分校第 17 期学生毕业典礼上，做《拼死》演讲。

“父母生我们做一个男子，付托给我们一副千斤重担。这千斤重担是什么？是要能以武力保卫着祖宗付给我们，我们还得付给子孙的一份重大基业。”

“是男子便须有武力，要会抵御外侮。反过来说，不能抵御外侮，没有武力，简直不能算男子。”

战士应当要“拼死”。“拼死”就是“慷慨成仁，杀身卫国”。“唯其‘拼死’，才是好汉；唯其‘拼死’，才是英雄；唯其‘拼死’，才对得起祖宗，对得起父母，对得起师长，对得起社会上一切期望着诸位的人。”

“唯一的希望，便是希望诸位分发到前线去，用‘拼死’的精神，立着大功回来。”

1942年5月，日军侵入滇西，李根源又一次发出怒吼，发表《告滇西父老书》，呼吁“发挥保省即是卫国的牺牲精神”，“保乡即是保省保国的战斗意志”，军民合作，戮力同心，协同作战。

“但苟可利于国家，有利于抗战者，虽毁家纾难，赴汤蹈火，亦在所不辞。我父老必抱定更大牺牲之决心，始能保住滇西，驱除敌寇，恢复失土，始能在云南抗战史中占最光辉之一页。”

归纳起来，李根源所说的“云南人的精神”，其实是云南抗战精神。主要包括这些思想：

追求民族的自由解放、生存独立和平等；坚定信心，不屈不挠；坚毅、刚强，反抗强敌；毁家纾难，赴汤蹈火，在所不辞；慷慨成仁，拼死卫国；军民团结，戮力同心，协同作战。

李根源提炼出了云南精神的初步概念，总结出了一些核心的内涵，开创了探讨、总结云南地域精神特征的新领域，是探讨云南精神的拓荒者、奠基人。

1948 年，李根源七十寿辰时在腾冲

对云南精神的总结、提炼，经过了一个长期的过程。

2011 年 8 月，云南省概括提炼出新时期的云南精神。

2012 年 8 月 1 日，云南省原省委书记秦光荣同志做了《开发历史文化资源，推动云南旅游跨越——在全省十大历史文化旅游项目推进工作座谈会上的讲话》，再次对“云南精神”进行了系统、全面地阐述。

云南精神包括两大内核：高原情怀，大山品质。

高原情怀，具体指高远、开放、包容的高原情怀。

大山品质，具体指坚定、担当、务实的大山品质。

云南精神是云南各族人民在长期实践中所形成和发

展起来的，是云南人的优秀品格、价值取向、精神风貌和道德规范的总和，许许多多的云南历史名人，正是在云南精神的熏陶下、指引下、激励下，勤奋努力，苦练本领，战胜重重困难，去争取胜利，分别在政治、军事、经济、科技、文化各个领域，为云南、为国家民族做出了积极贡献，成就了一番伟大事业。

可以说，李根源是研究、总结、提炼云南精神的首创者，也是一位云南精神的杰出实践者和代表者。

尽管，受时代的局限，李根源对云南精神的探讨，没有能够深入下去；总结出来的内涵，地域精神的特征，并不明显。但是，仍值得我们铭记。

历史地位

李根源经历过清末、中华民国、中华人民共和国三个时代，自幼生活在滇西边疆少数民族地区，比较了解各民族和边疆地区的情况。接受了良好的儒家文化思想的教育，具有较高的文化水平和学识修养。受到了家庭传统美德的熏陶和教育，个性鲜明，与人为善。从小培养了追求进步、积极进取的优良品质，树立了关心国家、热爱国家、报效国家的崇高理想，养成了关心民众疾苦、亲近民众、尽力为民众排解困难的慈悲情怀。

青年李根源，走出滇西连绵的大山，到省城昆明求取功名、求学深造，又以优异成绩，赴日本留学，走上了革命的道路，成为中国近现代史上有影响的历史人物。

夏双刃先生这样评价他："论曰：李根源者，纵横家也。战非能将，治非能臣。有霸心而无霸才，故逊于唐继尧一等。有战略而无战术，故逊于蔡锷二等。然以一介通天下，声名不迸，身家不损，远非顾品珍诸同志可及也。且其良心甚热，致力国家，提携后进，修研卷帙，珍重性情，则为乱世之君子无疑也。代署国务总理，亦非忝矣。"

李良玉教授这样评价他："总结李根源的生平经历，不难看出他在政治个性方面的某些局限。究其本质，李根源是一位文人型的政治家。他是有文人性情的政治家，也是政治家中有学术造诣的文人。文人气质使他始终保持正直、意气、道义担当，始终保持浓厚的学术文化兴趣。这一点，既决定了李根源仕途不会长远，又决定了他无论在官在民，其光明磊落、义薄云天的修（行）为，都能得到人们的尊重和赞扬。"

留学日本时，李根源毅然参加了中国同盟会，成为中国同盟会的发起人之一、最早一批入会的骨干分子之一，是国民党元老。

李根源不顾生命危险，积极从事反清革命活动。回国后，筹办著名的云南陆军讲武堂，广泛吸纳留学日本的中国同盟会会员入校任教，在学员中从事革命的宣传和组织工作，把云南陆军讲武堂打造成了"革命熔炉"，为云南重九起义的胜利奠定了坚实的基础。

云南重九起义，有力地支持了武昌起义，促进了全国辛亥革命形势的迅猛发展，加速了清王朝的垮台。李根源是云南重九起义的核心领导人之一，成为辛亥革命的元勋。

“二次革命”“护国运动”时期，李根源坚定地参加反对袁世凯专制独裁、复辟帝制的斗争。之后，继续从事反对北洋军阀黑暗统治的斗争。不过，李根源与孙中山政见分歧，拒绝参加孙中山组建的中华革命党，另组“欧事研究会”团体，革命派内部分化。在国民党议员中组织“政学会”，与南方实力派合作，排挤孙中山，护法运动失败。李根源已经游离于孙中山领导的革命势力之外，形同陌路，关系冷淡了。李根源不再是国民党的一员，不仅得不到国民党的支持，反而与国民党关系紧张、对立起来。

李根源的这一政治行为，当然与国民党的不团结、不统一、内部分歧大、软弱涣散的状态有关，但是，作为一个革命者，一位有抱负的政治家，李根源应承担个人的主要责任。李根源转而支持、依靠有清朝军人、官僚背景的实力人物，如黎元洪、岑春煊、陆荣廷、莫荣新等，一度仕途顺畅，当上了陕西省省长、农商总长、署理总理，掌握了驻粤滇军，成为呼风唤雨的实权人物。

殊不知，黎元洪大总统空有名号，在以枪杆子论英雄的北洋军阀面前，自身难保。桂系军阀目光所及，尽为眼前小利，难成大器。李根源把自己的政治命运与他们拴在了一起，就注定了自己昙花一现的政治前途。退出政坛，归隐苏州，是一种无奈而又必然的选择。

为此，耄耋之年的李根源也进行了总结。

80 岁的李根源，写了《衷心赞颂建国十周年的伟大成就》，在中央人民广播电台广播，李根源在文章中说："我很早就加入孙中山先生所领导的同盟会，参加了辛亥革命，反对过北洋军阀，但是基本上是从狭义的爱国主义出发，与人民革命是有本质区别的。"

82 岁的李根源回忆说："政学会是旧中国议会中的一个政团，本质上是资产阶级性质的，有组织形式而无组织实际，对会员也没有任何纪律约束，目标不一致，步调多分歧，所以当面临历次重大历史事件之际，不能全体一致贯彻自己提出的纲领，为人民多做几件好事，发挥一个政团应有的作用。"

83 岁的李根源，写了《从"集体万寿"说起》，再次在中央人民广播电台广播，李根源回忆道："我在解放前的旧社会里生活了大半辈子。虽然参加了推翻清朝帝制的辛亥革命，也曾经致力于讨伐袁世凯称帝的活动，现在平心自问,这些行动实在对于封建制度并没有真正的触动，当时革命的性质是不彻底的。我那时自恨匡济乏术，无补时艰，俯仰之间，形神衰老，徒唤奈何而已。"

不过，李根源在政治方面的活动，有几点是应该充分肯定的：

一是追求民主的思想，始终不渝。这是他能够不断进步，善于接纳新事物、融入新社会的思想基础。

二是忠诚品质，尽显大丈夫气概。他从儒家思想中继承了名节观念。明朝时期，祖上从征云南、护卫永帝皇帝的业绩，是家族的荣耀，强化了李根源的名节意识。他拒绝了袁世凯、段祺瑞、曹锟的收买、拉拢，保持正气，绝不随波逐流，损坏自己的名声。危难时刻，他坦然面对，大义凛然，严词拒绝陕西督军陈树藩附和叛乱的威逼。

三是考察边务、治理边疆的杰出贡献。李根源对片马的实地考察，掌握了真实情况，搜集了大量的第一手资料，提出了具体对策，为中国解决界务问题，争取了主动，也为日后中缅边界问题的彻底解决，打下了基础。对滇西边疆、滇西北边疆地区的治理活动，大胆进入有充分证据、确为中国领土的地区，宣示中国主权，是近代中国一次规模较大、意义重大、影响深远的治边活动。调整行政建制，怒江地区设治，实行土流并立的双轨制，与民休养生息，移风易俗，兴办文教，促进边疆地区经济、文化事业的发展，皆有利于滇西、滇西北边疆地区的稳定。

四是在野为民，位卑不敢忘忧国的爱国情怀。1931年“九一八”事变，日本侵华，国难来临，李根源积极行动起来，宣传抗日，营救七君子，组织安葬牺牲的抗日将士，救助难民，支援前线。1937年“七七”事变，日本发动全面侵华战争，李根源再次披挂上阵，出任有职无权的云贵监察使，亲赴滇西前线，襄助抗战，为滇西抗战胜利做出了贡献。

李根源在军事方面的成就，当然是筹办云南陆军讲武堂、韶州讲武堂，这足以使李根源跻身军事教育家的行列。

李根源是云南陆军讲武堂的筹办者和奠基人，引入了日本士官学校的军事教育体系、制度和作风，延聘进步的教官，用爱国主义思想教育学员，积极从事反清革命活动。李根源确立的“坚忍刻苦”的校训，严谨地教学、勤奋地学习，学员的军事素质过硬，培养了一大批新时代的爱国军人，在以后的革命斗争中茁壮成长，成为杰出的将帅。

李根源被认为是云南陆军讲武堂的 21 位总办中，贡献最大、影响最深的一位。

李根源在文化方面的贡献巨大，是一位杰出的学者。从小培养的学习、研究兴趣，撰写文章的好习惯，丰厚的学养，使他在文化领域游刃有余，硕果累累，获得多方面的成就。主要体现在兴办教育、编纂地方史志、文物考古、石刻、边疆研究文献、诗作等方面。

军事教育外，李根源还热衷于兴办国民教育，在工作、生活过的地方，创立了一大批小学、中学、师范学校、职业学校等各级各类学校，造福地方子弟，是一位杰出的教育家。

李根源一生，著述丰富，编纂了 40 余种著作，其中在苏州时期出版了 20 余种著作，主要有：《曲石文录》《续文录》《曲石诗录》《雪生年录》《永昌府文征》《云南金石目略》《续目略》《腾冲金石略》《九保金石文存》《阙茔石刻录》《吴郡西山访古记》《镇扬游记》《洞庭山金石》《虎阜金石经眼录》《吴县·冢墓志》《新纂云南通志·金石志》《叠翁行踪录》等。

晚年的李根源看到中华人民共和国的巨变，感到十分高兴，也特别思念家乡，关心家乡的建设和发展。缕缕乡思，是李根源心头挥之不去的思绪和永远解不开的情结。他多次说道：

“年老的人，总是关心自己生长的家乡。我住在北京，但是很关心云南建设的发展。通过张冲、寸树声、王少岩、赵钟奇和张天放诸位先生的面告，我知道云南工农业生产亦在飞跃发展。使我最敬佩的是民族政策和矿产水利方面的成就。”

“我生在云南腾冲，地处边疆，亲自感受到外国的武装侵略，当我服务云南讲武堂时便常以革命救国相号召。”

“我生长在祖国的西南边陲——云南腾冲，在青年时，对帝国主义的步步入侵，西藏反动人物的种种活动，忧心殷殷。”

在《我与政学会》一文中，82岁的李根源回忆说：“由于回忆政学会的往事，更增加了我对新社会的热爱。过去外患频仍，军阀恣睢，爱国之士，莫不忧心如焚。今天我国在共产党领导下，始能臻于国势富强、万民康阜之境，使旧中国的重重阴霾一扫而空，出现了一个万里晴空、光辉灿烂的新时代。八二老翁，能不欢欣鼓舞。”

李根源是一位赤诚的爱国者，也是一位赤诚的爱乡者。爱国与爱乡，本就不可区分和分割。

一个中国人，无论贫穷贵贱，无论高大渺小，无论

1986 年苏州小王山重修的李根源、马树兰合墓

观念价值异同，只要能够为国家和民族，哪怕是做一件事情，或者做一点事情，都应该称赞、肯定。亿万中国人，心中装有祖国，同心协力，一起努力，才能创造国家和民族的繁荣昌盛。

李根源所做的，不是一件事情，不是一点事情，而是很多、很多……

壮哉！李根源！

壮哉！滇西美男子！云南伟丈夫！

参考书目

一、著作

1. 李根源：《新编曲石文录》，云南人民出版社1988年版。

2. 李根源主编：《永昌府文征》。

3. 谢本书、李成森：《民国元老李根源》，云南教育出版社1999年版。

4. 陈旭麓主编：《中国近代史》，高等教育出版社1987年版。

5. 马曜主编：《云南简史》，云南人民出版社1983年版。

6. 中央访问团第二分团云南省编委组：《云南民族情况汇集》（上），云南民族出版社1986年版。

7. 杨毓才：《云南各民族经济发展史》，云南民族出版社1989年版。

8. 牛平汉主编：《清代政区沿革综表》，中国地图出版社1990年版。

9. 龚荫：《中国土司制度》，云南民族出版社1992年版。

10. 云南省梁河县志编纂委员会编纂：《梁河县志》，云南人民出版社1993年版。

11. 云南省保山市志编纂委员会编纂：《保山市志》，云南民族出版社1993年版。

12. 毕坚编注：《李根源》，陕西旅游出版社1993年版。

13. 腾冲县志编纂委员会编纂：《腾冲县志》，中华书局1995年版。

14. 孙代兴、吴宝璋主编：《云南抗日战争史》，云南大学出版社2005年版。

15. 周勇主编：《西南抗战史》，重庆出版社2006年版。

16. 薛恒：《民国议会制度研究》，中国社会科学出版社2008年版。

17. 陈贤庆：《民国军阀派系》，团结出版社2009年版。

18. 郭世佑：《晚清政治革命新论》，中国人民大学出版社2010年版。

19. 侯宜杰：《二十世纪初中国政治改革风潮——清末立宪运动史》，中国人民大学出版社2011年版。

20. 云南省文史资料委员会编：《云南文史资料选辑》，云南人民出版社1962年版。

21. 《中国少数民族社会历史调查资料丛刊》修订编辑委员会编：《云南少数民族社会历史调查资料汇编（四）》，民族出版社2009年版。

22. 马子华:《李根源》，《民国人物传》（第四卷），中华书局1984年版。

二、期刊及电子文献

1. 龙永行：《中法战后法国对云南的侵略和云南人民的抗法斗争》，云南省社会科学院历史研究所《研究集刊》，1984年第2期。

2. 王叔武：《十九世纪英、法侵略云南史述略》，《思想战线》，1980年第6期。

3. 谢本书：《片马问题研究》，云南省社会科学院历史研究所《研究集刊》，1985年第2期。

4. 王丹整理：《片马问题调查报告》，云南省社会科学院历史研究所《云南现代史料丛刊》第6辑，1986年。

5. 牛鸿宾：《云南土司制度研究情况》，云南省社会科学院历史研究所《研究集刊》，1988第1期。

6. 王文成：《云南边疆土司制度的终结述论》，《云南学术探索》，1994年第3期。

7. 马新：《简论一九三四年班洪佤族的抗英斗争》，云南省社会科学院历史研究所《研究集刊》第36辑，1995年10月。

8. 洪崇文：《从班洪事件看云南边疆管理机构的运作》，《中国边疆史地研究》，1997年第3期。

9. 洪崇文：《民国时期云南边疆管理机构的重组》，《云南民族学院学报》，1999年第2期。

10. 洪崇文：《李根源治边事迹考》，《云南师范大学学报》，1999年第4期。

11. 贾霄锋：《二十多年来土司制度研究综述》，《中国边疆史地研究》，2004年第4期。

12. 杨志稳、邓有凯：《李根源对云南教育的五大贡献》，《云南电大学报》，2006年第1期。

13. 成赛军：《李根源与欧事研究会》，《湖南农业大学学报》，2007年第2期。

14. 朱陵宁、翟辉：《欧事研究会与护国运动》，《乐山师范学院学报》，2008年第4期。

15. 邓有凯：《李根源的国学造诣》，《云南电大学报》，2009年第1期。

16. 罗敏：《走向"团结"——国民党五全大会前后的蒋介石与西南》，《近代史研究》，2009年第3期。

17. 汪朝光：《蒋介石与1945年昆明事迹》，《近代史研究》，2009年第3期。

18. 李良玉：《关于辛亥元老李根源的历史评价问题——南京大学李良玉教授访谈》，《南京政治学院学报》，2011年第6期。

19. 星汉：《李根源晚年诗作中的爱国情结》，《新疆教育学院学报》，2009年第3期。

20. 张根生、吴道显：《李根源西使滇西根本动因分析》，《大理学院学报》，2012年第1期。

21. 张根生：《重九起义后李根源西使离滇北上的原因》，《大理学院学报》，2012年第5期。

22. 茅海建：《云南陆军讲武堂与辛亥革命云南起义》，《华东师范大学学报》，1982年第3期。

23. 段晓林：《张胜温绘〈梵像卷〉研究的开先之作——李根源〈胜温集〉述评》，佛教导航网站，2009年04月。
http://www.fjdh.cn/wumin/2009/04/15374657133.html